KB261301

존 하워드 요더 John Howard Yoder

1927. 12. 29~1997. 12. 30

요더 총서 **4**
그리스도의 충만함

지은이	존 하워드 요더 John H. Yoder
옮긴이	김복기
초판발행	2012년 5월 11일

펴낸이	배용하
책임편집	박민서
등록	제364-2008-000013호
펴낸곳	도서출판 대장간
	www.daejanggan.org
	대전광역시 동구 삼성동 285-16
	전화 (042) 673-7424 전송 (042) 623-1424

ISBN	978-89-7071-256-7

 값 9,000원

교회가 가져야 할 비전

그리스도의 충만함

존 하워드 요더 지음

김 복 기 옮김

The Fullness of Christ

John Howard Yoder

Paul's Revolutionary Vision of Universal Ministry

차 례

그리스도의 충만함

한 구절의 성경 말씀이라도 제대로 해석하고, 그 내용을 실천에 옮길 수만 있다면 세상은 엄청나게 달라질 것이다. 세상은 차치하고라도 교회가 성경이 제시하는 비전을 제대로 볼 수 있다면, 어마어마한 변화가 일어날 것이다. 우선 교회의 숫자가 대폭 줄어들 것이며, 지금 기독교에 쏟아지는 경멸 어린 비판이 시기 어린 칭송으로 바뀔 것이다. 각 개인이 가진 구원에 대한 이해가 달라질 것이며, 교회가 건물이나 제도가 아닌 곧 그리스도를 주로 고백한 사람들의 모임이자 이 땅 위에 이미 시작된 하나님 나라임을 많은 사람이 깨닫게 될 것이다.

경멸 어린 의미로 예수 믿는 사람들을 처음 "그리스도인"이라 부르기 시작했던 주 후 40여 년 경, 그 어떤 그룹보다도 온전함을 추구했던 그리스도인들은 자신들을 그리스도를 중심으로 모인 공동체로 보았다. 그리고 그 공동체는 그리스도의 충만함을 드러내는 교회가 되었다. 바울이 여행할 때마다, 이곳저곳 도시와 마을을 방문할 때마다 일상의 공동체가 생겨났고 그 공동체의 핵심에는 그리스도의 충만함에 대한 비전이 비추어졌다.

이 책의 제목 『그리스도의 충만함』은 바울의 이상이자 교회에 대한 비전이다. 고린도, 에베소, 로마를 방문하고 그들에게 쓴 편지로 제시된 비전이자 모든 교회가 가져야 할 그리스도의 몸에 대한 완벽한 청사진이다. 인정을 하든 않든 현재 지구의 모든 교회가 가진 간절한 소원이기도 하다.

안타깝게도 인류 역사 속에 분명히 투사되었음에도 이 비전을 온전히 이루며 사는 교회는 그리 많지 않다. 일그러진 비전으로 바뀌었거나 철저히 훼손되었다. 청사진을 가진 교회라 할지라도 그 비전을 제대로 읽어내지 못하거나, 아예 다른 청사진으로 대치해 놓고 있다. 이는 21세기를 사는 전 세계 교회의 현실이자, 특히 우리나라 대한민국 교회의 현실이기도 하다.

존 하워드 요더는 이러한 현실을 그 누구보다 잘 꿰뚫었던 신학자다. 교회에 대한 왜곡이 어느 한 세기에 이루어진 것이 아니라, 인류 역사의 상호작용과 교회사를 거치면서 서서히 진행되었음을 지적한 신학자다. 토론을 통해, 글을 통해, 그리고 연구를 통해 이 일그러진 시각을 바로 잡고자 선구적인 작업을 시작했던 20세기 교회론의 대가이다.

이미 출간된 『교회, 그 몸의 정치』가 교회란 무엇인가? 라는 질문에 대한 답이라면, 이 책 『그리스도의 충만함』은 한국 교회가 그토록 안타까워하는 목회란 무엇인가? 라는 질문에 대한 토론이자 답이다. 그는 교회를 향해 가졌던 바울의 비전을 새로운 시각으로 바라보도록 돕는다. 그리고 역사, 문화, 종교적인 맥락 속에서 어디서부터 무엇이 잘못되었는지 맥을 짚어준다.

우선 존 하워드 요더는 이 책을 통해 신약 성경이 제시하는 목회가 어떠한 것인지 소개하고 있다. 우선 그는 모든 종교가 바라보는 종교인에 대한 일반적 이해를 개괄하면서 첫 장을 시작하고 있다. 이와 동시에 기독교의 목회자에 대한 인식을 역사적 흐름을 따라 정리한다.

그리스도의 몸인 교회의 구성원으로서 요더는 교회와 목회를 올바로 이해하기 위해 가장 명확한 그림을 보여주는 신약 성경이라는 원자료를 세밀히 분석하였다. 그리고 모든 교회가 마땅히 추구해야 할 목회에 대한 온전한 그림을 보여주고자 노력하고 있다. 수많은 사람이 궁금해하는 목회자와 평신도 사이에 존재하는 신학적 이해 및 사회적 맥락의 차이가 무엇인지도 탁월하게 정리하였다.

교회에 속한 사람이라면 누구나 다음과 같은 질문을 한다.
– 교회란 무엇인가?
– 교회에 목회자는 필요한가? 그렇다면, 그 목회자는 어떠한 사람이 어야 하는가?
– 목회자와 리더는 어떻게 다른가?
– 평신도와 목회자 간의 차이는 존재하는가?
– 잘못된 표현이지만 성경이 말하는 만인제사장Priesthood of all believers–전신자제사장은 실현 가능한 것일까?
– 목회적 은사란 무엇인가?
– 다양성 안에서 일치라는 말이 지금 우리 교회 현실에서 어떻게 실현 가능한가?
– 문제의 근원이 사람인가 제도인가? 라는 양극단의 선택을 요하는 상황 속에서 무엇을 어떻게 할 것인가?
– 목회마저도 전문화된 사회 속에서 과연 성경의 가르침은 제대로 기능 할 수 있는가?
– 잘못된 교회의 모습을 어디에서부터 바로잡아야 하는가?

이 책 『그리스도의 충만함』은 교회 및 목회와 관련된 이러한 질문에 심도 있는 답변을 명쾌하게 제시하고 있다.

대장간에서 출간하는 요더 총서의 네 번째 책으로 목회를 다룬다는 것은 의미심장한 일이다. 그러나 독자들이 요더를 읽으려면 몇 가지 기본적인 생각을 바꾸어야 한다. 그 기본적인 생각은 성경에서 직접 답을 찾되 자신이 원하는 답이 아니라, 성경이 제시하는 답을 찾으며, 삶에서 자신이 가진 기본 전제가 잘못된 전제는 아닌지 늘 점검해야 한다는 원칙이다.

1. 요더의 독자라면 이미 간파하고 있겠지만, 요더의 글은 늘 성경에서 시작해서 성경으로 끝난다. 그래서 그는 핵심을 놓치지 않을 뿐 아니라, 그 핵심으로 독자들을 깜짝 놀라게 한다. 독자들이 성경적이라고 생각해 오던 것을 뒤집어 놓기 때문이다. 그는 역사 속에서 변질된 해석과 일그러진 모습의 가르침이 아니라, 예수 그리스도와 제자들의 기록을 통해 현 상황을 되짚어 보도록 도움을 준다. 그러기에 독자는 성경에 기록된 어휘의 의미가 무엇인지? 그 맥락을 제대로 이해하고 있는지? 더 나아가 현재 우리가 사용하는 언어와 성경의 언어가 어떻게 다른지? 그 차이까지 다시 점검해 보도록 도전을 받는다.

2. 요더는 자신이 원하는 답이 아니라, 성경이 제시하는 답을 찾도록 독자를 안내한다. 대부분 사람은 모든 것을 자기 관점에서 보고, 듣고, 해석한다. 교회에 대한 이해뿐만이 아니라, 믿음의 주님이시자 만물과 교회의 근원이신 예수 그리스도마저 자기 관점에서 보고, 듣고, 이해한다. 그 결과 성경이 제시하고자 하는 원래 메시지가 아닌, 자신이 듣고 싶은 메시지에 함몰되어 있다. 그러므로 독자는 자신이 원하는 답이 아니라, 성경이 제시하는 답을 찾으려는 노력을 멈추지 말아야 한다.

3. 요더는 독자들에게 자신이 가진 기본 전제가 잘못된 전제는 아닌지 항상 점검해보도록 요청한다. 잘못된 전제는 항상 잘못된 결론을 낳는다. 예수 그리스도는 산상수훈의 끝에서 모래 위에 지은 집과 반석 위에 세운 집을 비교하면서 잘못된 전제를 갖고 출발한 사람들을 일갈한다. 주여! 주여! 하면서 주님을 따르지만, 주님의 뜻을 오해했던 사람들에게 "불법을 행하는 자들"이라는 불명예를 안겨주면서 아예 당신을 떠나가라고 엄중히 명령하신다. 그러면서 주초를 반석 위에 세우도록 명령하고 계신다. 이는 지금 짓는 집, 가진 비전, 삶의 방식을 통째로 점검하게 하는 말씀이다. 듣는 이로 하여금 등골이 오싹하게 한다. 이 책 "그리스도의 충만함"은 교회와 목회와 관련된 질문의 기본 전제를 바로 잡도록 초청한다.

이처럼 요더 읽기는 새로운 시각으로 성경을 읽도록 독자를 초청한다. 독자들로 하여금 이미 갖고 있으나 잘못된 접근방식을 포기하게 한다. 그래서인지 요더를 읽을 때는 늘 가슴이 뛰고, 한 장의 책장도 쉽게 넘길 수 없다. 이미 넘겼던 책장을 뒤로 물려가며 문장을 곱씹고 생각을 추스르게 한다.

요더가 주장하듯이 그리스도께서는 모든 신자가 감당할 수 있도록 성령 충만한 목회를 소명으로 주셨다. 그렇게 제자들을 훈련하셨고, 저마다 다른 모습으로 섬길 수 있도록 배려하셨다. 신약성경은 처음부터 다양한 목회 유형을 인정하고 모든 사람이 함께하는 목회를 이뤄나가도록 명령하고 있다. 그러기에 요더는 우리 귀에 익숙한 평신도 목회라는 개념은 아예 용어부터 잘못되었다고 밝혔다. 신약성경은 소위 말하는 성령의 은사를 소유한 사람과 성령의 은사를 소유하지 않은 사람들 사이에 아무런 구분이 없다고 선언한다. 그러므로 모든 신자 즉 교회를 이루는 모든 구성원은 저마다 수행 가능한 역할을 통해 공동의 목회, 함께하는 목회를 감당해나갈 수 있다는 사실을 다시 생각해 보아야 한다.

이것이 바로 이 책이 제시하는 "보편적 목회"universal ministry요, 요더가 바울의 비전으로 제시하는 공동의 리더십이다. 리더십의 중요성이 새롭게 대두하는 현재, 신약 성경이 보여주는 보편적 목회로의 초대는 모든 교회가 다시 다루어야 할 아주 중요한 주제이다.

만약 그리스도인들이 성경이 제시하는 교회로서 이러한 공동체의 비전을 제대로 실천할 수만 있다면, 지금 한국 교회의 모습은 상상외로 달라질 것이다. 바울이 그리스도의 몸이자 교회인 신자들과 리더들에게 보낸 서신서의 한 구절이라도 제대로 해석하고, 그 해석한 내용을 실천할 수만 있다면 한국 교회의 판도가 달라질 것이다.

이 책이 밝혔듯이 그리스도의 충만함은 크리스천 개인의 변화를 의미하는 것이 아니다. 개인의 성화나 도덕적인 의로움을 의미하는 것도 아니다. 그리스도의 충만함이란 언제나 그리스도의 몸, 즉 교회가 통째로 변하는 것을 의미한다. 구약의 성전이나, 하늘에서 내려오는 새 예루살렘 성이나, 바울이 그리스도의 충만함으로 표현한 그리스도의 몸, 즉 교회는 모두 다 그리스도의 충만함으로 가득 차 있다. 그리스도가 중심이 되어 모든 부분이 그분께 연결되어 있다. 세밀하게 측정한 구약의 성전이나 천사가 갈대를 갖고 측량한 새 예루살렘 성이나 모두 장과 광과 고가 같다. 길이와 넓이와 높이가 같은 온전한 하나님 나라를 상징한다.

그리스도의 충만함. 이는 교회의 충만함을 뜻한다. 모든 사람이 꿈꾸는 하나님 나라를 뜻한다.

아버지께서 그분의 영광의 풍성하심을 따라 그분의 성령을 통하여 여러분의 속 사람을 능력으로 강건하게 하여 주시고, 믿음으로 말미암아 그리스도를 여러분의 마음속에 머물러 계시게 하여 주시기를 빕니다. 여러분이 사랑 속에 뿌리를 박고 터를 잡아서, 모든 성도와 함께 여러분이 그리스도의 사랑의 너비와 길이와 높이와 깊이가 어떠한지를 깨달을 수 있게 되고, 지식을 초월하는 그리스도의 사랑을 알게 되기를 빕니다. 그리하여 하나님의 온갖 충만하심으로 여러분이 충만하여지기를 바랍니다. 에베소서 3:16~19

그분이 어떤 사람은 사도로, 어떤 사람은 예언자로, 어떤 사람은 복음 전도자로, 또 어떤 사람은 목사와 교사로 삼으셨습니다. 그것은 성도들을 준비시켜서, 봉사의 일을 하게 하고, 그리스도의 몸을 세우게 하려고 하는 것입니다. 그리하여 우리가 모두 하나님의 아들을 믿는 일과 아는 일에 하나가 되고, 온전한 사람이 되어서, 그리스도의 충만하신 경지에까지 다다르게 됩니다. 에베소서 4:11~13

에베소 교회에 보낸 편지에 소개된 이 그리스도의 충만함이 이 땅 위의 교회와, 이러한 거룩하고 온전한 목회로의 부름에 구체적으로 응답하기 원하는 독자들에게 큰 희망이 되기를 기도하며.

2012년 5월 5일

옮긴이 김복기

이 소책자는 1987년 9월 2~5일, 미국 일리노이주, 오크 부룩의 베다니 신학대학원에서 열린 '신자들의 교회 컨퍼런스'에서 발표된 내용이다. '목회'라는 주제는 컨퍼런스 준비위원회가 계획하고 제시한 것이다. 컨퍼런스 준비위원회는 이 컨퍼런스에서 대화를 원활하게 소통할 방식과 이미 21년 전에 절판된 낡은 소책자 시리즈*Concern*을 의미-편집자주를 대치할 수 있는 가장 확실한 미디어를 찾았다.

이 소책자가 나오기까지 적어도 세 가지 해결해야할 문제가 있었다. 첫 번째로 해결해야 할 문제는 '출판을 어떻게 할 것인가?' 하는 아주 현실적인 것이었다. 창조적인 아이디어와 열정적으로 일하는 브레드런 출판사Brethren Press의 편집장, 데이빗 엘러David Eller가 가장 먼저 생각났다. 실제로 그는 9개월 안에 우리가 원하는 것을 만들어낼 수 있는 탁월한 편집능력과 출판능력을 보여 주었다.

두 번째로 해결해야 할 문제는 노틀담대학교의 신학부에 재직 중이던 존 하워드 요더 교수에게 어떻게 예의를 표할 것인가 하는 문제였다. 요더는 지난 25년 동안 "지속적인 대화를 추구하는 모임"의 위원장을 맡아왔었다. 비록 임시적으로 만들어진 모임이었지만, 이 위원회는 아주 오랫동안 '신자들의 교회 컨퍼런스'를 계획하고 주최하는 일을 담당해왔다. 이전의 컨퍼런스에서 연설가로서의 모습뿐 아니라, 위원회의 모임을 탁월하게 이끌어온 존 하워드 요더의 역할에 대해 어떻게 감사의 마음을 전해야 할지 몰랐다. 특히 베다니 신학대학원에서 열린 컨퍼런스 준비위원들은 요더의 지대한 관심사인 '교회 내 갈등 문제'를 소홀히 여기고 있었고, 다만 컨퍼런스에서 발표될 주요 논문이 어떤 역할을 할 것인가에 대부분의 관심을 쏟을 뿐이었다. 왜냐하면, 요더가 발표할 논문, 즉 이 책의 파급효과가 얼마나 엄청난지 그 가치를 알고 있었기 때문이다.

세 번째로 해결해야 할 문제는 이 책에 기록되어 있는 날짜에 관련된 것이다. 이것은 우리에게 주어진 주제의 중요성이 달라졌기 때문이 아니라, 1960년대 및 그 이전의 문서들을 근거로 대담과 설명이 이루어졌다는 것 때문이다. 문서를 빨리 출판하고자 하는 의욕은 때때로 문서 및 토론이 필요한 필수적인 논평을 방해한다. 실제로 이러한 논평이 저자의 관점을 어느 정도 변화시킨 것 같아 보이는데, 왜냐하면 그에게 있어서 "보편적인 목회"라는 주제는 한두 해 연구한 문제가 아니었기 때문이다. 1960년대에 세계 교회협의회의 정기간행물인 *Laity*는 절판이 되었다. 이 일은 1969년 *Concern*이라는 잡지가 출판되기 이전에 있었다. 그러나 이러한 잡지들이 다루었던 주제들은 그 이름과 구독자들이 바뀌었을 뿐, 오랜 기간 동안 끊임없이 회람되었다. 이러한 배경과 더불어 우리는 별로 잘 알려지지 않은 권위 있는 문서를 좀 더 나은 형태로 수정하여 책으로 출판하기 위해 요더 교수에게 이 작업을 다시 요청하였다.

우리는 다음 세대의 독자들에게 기독교 목회가 무엇인지 올바로 해석할 수 있도록 이 책을 준비하였다. 목회에 관심 있는 이들에게 이 책을 적극 추천하는 바이다. 특히 최근 세례침례, 성찬 및 목회라는 주제와 관련하여 에큐메니컬 진영의 문서들이 이 주제를 다루었다는 사실을 고려할 때, 이 책은 수많은 사람들의 관심을 다시 불러일으키기에 충분하다고 사료된다.

도날드 던바우

베다니 신학대학원 컨퍼런스 준비위원장

<h1 style="text-align:center">머·리·말</h1>

이 책은 1955~1970년에 지성인들을 들끓게 했던 문학적 대화 내용으로, 비공식 출간물을 다시 정리하여 책으로 출판한 것이다.1)

이것은 다음과 같은 측면에서 선구적이다.

- 당시에 나눈 대화는 초교파적으로 이루어졌다. 특별히 국제선교위원회International Missionary Council와 세계교회협의회WCC가 하나로 통합되었는데, 이는 역사에 없던 일이었다. 별도의 국제 기구였던 이 두 기관은 1961년 하나로 통합되었다
- 교회의 삼중직 폐지를 언급했던 최초의 충격적 설명으로써
    - 북부 대서양 연안에 만연했던 세속주의의 발현
    - 동유럽에 만연한 사회주의 정부
    - 나머지 세계에 존립하고 있던 소수 미자립교회에 대해 진지하게 셈해 보았던 첫 번째 모임 이었다.
- 신약성서의 자료들을 객관적 시각으로 읽을 수 있도록 준비한 모임으로 서로 다른 교단들이 한 가지 혹은 또 다른 모습의 리더십 유형을 가질 수 있다는 가능성을 보여주었다.

내가 발표한 주된 논점들이 문서를 통해 다루어졌는데, 특별히 맥킨지, 낙스, 슈바이처가 쓴 글들에서 볼 수 있다.155쪽 참고 자료들 참고

이 자료를 거의 20년이 지난 지금, 단지 좀 더 적당한 모습으로 다시 손을 보아 재 발간하는 이유를 추가로 설명할 필요는 없을 것 같다. 당시 나눈 대화의 양이라든가 치밀성, 그리고 독창성은 1970년대 초 이후에 다시 반복할 수는 없을 것이다. 이 모임 이후, 목회에 대한 초교파적 대화들은 다른 그 무엇보다 우선순위로 자리하게 되었다.

---

1) *Concern* 17호(1969년) pp. 33-93에서 이를 충분히 다루었다. 이 자료의 핵심적인 내용들은 1961년 3월 4일 미국 일리노이주 에반스톤에 있는 에큐메니칼 연구소(The Ecumenical Institute)에서 개최된 신학대학원 대표들이 모인 자리에서 "한 몸과 많은 지체"라는 주제로 발표되었다.

1. 종교전문가의 보편성

인류 역사 속의 모든 사회에 존재했던 각 공동체가 종교전문가[1) 들에게 보여주었던 특별한 신뢰만큼 이 세상에서 변하지 않은 것은 그리 많지 않다. 이 책에서 우리는 종교, 인류학, 사회학 혹은 심리학을 서로 비교해가며 논의를 전개할 것이다. 사회 내에 존재하는 제도를 이해하고자 할 때 취할 수 있는 방법은 그 제도를 외부의 시각으로 평가하는 방법과 '역할' 및 '이미지'를 통해 내부로부터 설명해 나가는 방법이 있을 것이다. 모든 보고서가 항상 그렇듯이, 우리는 논의를 진행함에 있어서 출처를 설명하거나 본질을 정의하는 방식을 취할 것이다. 모든 사회, 모든 종교, 더 나아가 다원화된 사회 및 '세속' 문명조차도 종교전문가들의 존재를 인정하며 그들에게 특별한 신뢰를 보여 왔다. 가장 기본적인 문화인류학적 유사성을 살펴볼 때, 이들을 향한 차이들은 피상적이며 매우 다양한 모습으로 존재한다는 것을 알 수 있다.

A. 대부분은 남자들이고, 아주 드물게 여자들이 활동하고 있는 종교전 문가들이 어떻게 자격을 갖추게 되는지는 언뜻 보기에도 아주 다양한 모습을 띠고 있다. 종교전문가가 되기 위해서는 일반적으로 다음과 같은 과정을 밟는다.

- 특별한 교육이나 전수를 받는다.
- 제사장적 가문에서 태어나야 한다.
- 신탁을 받거나 제비뽑기로 선출된다.
- 신성한 예식을 통해 서품을 받는다.
- 눈에 띄는 '카리스마' 가 있어야 한다.
- 이미 자격을 갖춘 사람이나 기관에 의해 위임을 받아 지위를 인정받는다.

그러나 이 모든 경우에는 늘 변하지 않는 일관성이 존재한다. 무엇보다 종교전문가는 인생을 살아가는 동안 그만이 감당할 수 있는 뭔가가 있어야하며, 소위 말하는 평범한 사람이 갖추지 못한 특별한 자질을 갖추고 있어야 한다. 아주 작은 마을이나 소수의 회중을 위해 일하는 종교전문가라 할지라도 그가 속한 그룹의 사회적 필요를 충족시켜주고, 사적으로는 갖고 싶은 뭔가를 소유해서는 안 된다. 아주 큰 지역 교구에서 팀 목회가 이루어지더라도 이러한 규칙은 예외가 없다). 그가 감당할 사회적 필요들이 무엇이든 간에 종교전문가는 장소마다 한 사람이면 충분하다.

B. 다음에서 보는 바와 같이 그들에게 부과된 공적인 임무들은 아주 다

양한 모습을 띤다.

- 가톨릭교회에서는 성체성사를 통해 늘 새로운 기적이 일어날 수 있음을 보여주어야 한다.
- 권위를 소중히 여기는 개신교회에서는 참된 가르침으로써 말씀을 선포해야 한다.
- 부흥운동을 주도하는 교회에서는 청중들의 회개와 헌신을 이끌어 내야 한다.
- 노르만 빈센트 필이나, 로버트 슐러를 따르는 교회에서는 행복한 사람으로 살아가도록 격려해야 한다.
- 교외에서 일하는 종교전문가들은 사람들에게 그들만의 진정성을 갖고 살아가도록 조언해야 한다.

그러나 모든 경우에 있어서 종교전문가들은 기본적으로 그들만이 할 수 있는 올바른 일을 해야 한다. 그리고 특별히 그것은 '교회로서' 걸맞은 행동을 하도록 기능해야 한다.

C. 사실상, 종교전문가의 존재는 교회의 존재이기까지 하다. 사회학적으로 종교전문가와 교회의 존재 및 정의는 거의 동일시되기도 한다. 이것이 바로 노동자—사제 운동을 펼칠 때 사용되는 이론적 근거이다. 그러기에 대개는 성례전이나 거룩한 예식을 수행하는 사람이 있는 곳에 교회가 있다고 생각한다. 만약 그가 없다면 교회는 별다른 관심을 끌지 못한다. 이것이 바로 YMCA와 복음주의 동맹이 '초교파적 교회운동' ecumenical movement에 참여할 자격을 부여받지 못하는 이

유이다. 이것이 바로 '믿음을 전파하는 선교단체' 들이 합법적인 '교회' 로서 인정받지 못하는 이유이다. 즉 이들 단체가 성직자들을 통제하지 못하기 때문에 교회와 구별되는 것이다. 만약 시민운동이나 사친회parents teachers association 모임에 종교전문가들이 참여한다면 그 순간 모임의 성격도 달라진다.

종교전문가들에 반대되는 개념으로 '평신도' laity라는 말을 사용하는데, 이는 '분리되지 않은' 사람들이라는 주로 부정적인 의미로 정의되며, 이들은 섬김을 받는 소비자, 동원되어야 하는 일반 대중일 뿐이다.

D. 겉으로 드러나는 종교전문가의 공적인 예배의식이 중요하지만, 무엇보다 종교전문가의 존재 의미와 그 지위에 남다른 의미가 부여되는 이유가 있다. 그것은 기본적으로 그가 개인과 사회에 가져다 줄 것으로 기대되는 '축복' 때문일 것이다.

그는 매년 풍성한 결실을 기원하는 연례행사에서 신성한 임무를 담당하는 핵심인물이 된다. 이러한 연례행사의 역사적인 예로 다음과 같은 것들이 있다.

– 춘분과 하지
– 파종과 추수
– 겨울과 부활절(원래 부활절은 춘분 이후의 첫 일요일에 지켰다.)

자연의 순환주기에 따르는 연례행사로 논, 밭, 어장, 가축을 축복하기 위한 '제의적 연례행사' 가 그 예이며 이러한 연례행사의 문화적 기원은 역사 그 자체에 있다기보다는 인류가 자연을 더 거룩하게 여겨왔음을 보여준다(원래 동지는 태양을 상징하는 절기이고, 부활절은 다산을 상징하는 절기이다).

종교전문가는 한 개인이 인생에서 겪는 다음과 같은 특별한 행사를 주관하기도 한다.

- 사춘기(믿음을 인정해주거나 세례를 줌)
- 결혼
- 부모 됨(세례식 혹은 헌아식)
- 사망(장례식)

종교전문가는 위기나 재앙의 시기에 항상 뭔가 특별하게 기여하는 사람으로 이해된다.

- 사고가 일어났을 때
- 병환
- 가뭄이나 폭풍우, 지진이나 화산 폭발
- 전쟁

또한 종교전문가는 평범한 일상에서 물러서지 않고 또 다른 세상과 이 세상을 연결시키는 사람으로 이해된다.

- 독신으로 지냄

　– 평범한 사람들로부터 기대하기 어려운 겸손함과 절제라는 도덕적
　　모범을 보임
　– 때때로 아내와 자녀들까지 청빈한 삶을 살도록 기대하기도 함

　종교전문가는 청소년이나 청년들을 가르치고, 훈계하고, 꾸짖고, 그
들에게 모범을 보이고, 그 사회가 말하고 싶어 하는 도덕적 가치들이 무
엇인지 전달해주는 책임을 감당하기도 한다.

　위에 언급한 여러 가지 책임이 어느 정도 혼합되어 있든지 상관없이,
종교전문가는 성직자로서 일상적인 삶과 '보이지 않는' 삶, '영적인 삶'
혹은 세속 사회가 기대하는 실제 생활 속에서 '윤리적 삶'이라는 두 세
계에 가교를 놓는 중재자가 되어야 한다. 특별히 일상의 삶 속에 자리하
는 아주 중요한 순간에 그들의 필요를 충족시켜주는 사람이 되어야 한
다.

　E. 종교전문가가 이러한 예식을 시행할 때, 모든 사회는 거기에 필요
한 비용을 지급한다.[2) 종교전문가가 이웃들과 함께 농사를 짓거나 사냥
을 해야만 했던 단출한 시대에조차, 사람들은 제식을 올리고자 종교전
문가에게 필요한 대가를 치렀다. 그는 경제적으로 아주 가난하게 살았
지만, 그의 가난은 공적인 칭찬의 대상이 되었고, 사회 구성원은 그에게
환대와 자비를 베풀어야 하는 것으로 알았다. 유흥으로 치닫고 있는 현
우리 문화 속에서도 종교전문가들을 좋게 대우하려는 모습은 변함이 없
다.

　선진국에서 이러한 것은 권력을 가진 사람들에 의해 보호를 받거나,

그들을 특별 고용하는 모습으로 자리해왔다. 다음은 그러한 예들이다.

- 중세 마을의 영주
- 8세기 말 샤를레망Charlemagne 대제로부터 1918년까지 유럽에 존
  재했던 왕
- 남 침례교회 회중들의 집사들
- 종교전문가들에 대한 국가의 면세 제도나 상점의 할인제도한국에는
  교인들이 목회자들에게 그 누구에게도 적용하지 않는 암묵적인 할인을 해주거나
  비용을 받지 않음 – 옮긴이주
- 군대, 학교, 병원의 채플린 제도군목, 교목 등

혹은 종교전문가는 다음과 같은 권력을 행사하기도 한다.

- 중세 유럽의 주교 겸 제후
- 일부 아프리카 및 인도 부족의 샤만 및 추장
- 고대 이집트의 제사장 겸 왕
- 이슬람교의 이맘imam:이슬람교의 크고 작은 종교 공동체를 지도하는 통솔자
- 메노나이트나 후터라이트 공동체의 농부 겸 목사
- 마카비 혁명의 제사장 겸 군대장관
- 필리핀 민주 군의 제사장 겸 군대장

F. 사회학적 구조의 연속선상에서 이러한 중대한 관점들을 살펴볼
때, 성직자가 사회 속에서 갖는 역할과 의미는 신학적으로 명시되어 있
는 것들보다 훨씬 더 중요하고 엄청난 것이다. 그들은 평생 '성직자' 지

위를 갖게 될 것이며, 그에 따라 다른 직업들의 의미가 부여될 것이다. 비록 그를 위임하고 안수한 교단이 이러한 의미를 지지하든 않든 관계없다.

종교전문가는 예비부부가 서로 잘 맞든 맞지 않든지 상관없이 결혼을 집례할 수 있고, 설령 그 사람들이 자기가 시무하는 교회에 다니지 않는다 할지라도 집례할 수 있다. 그는 자신이 속한 교단이 유아세례를 반대할지라도 유아의 출생을 엄숙히 축하해 줄 수 있다. 그는 자신이 속한 교단 및 신학이 공식적으로 배교자라고 부르는 다른 전통에 속해 있는 대표자들을 동등한 종교전문가로 인정해야 한다. 유대의 랍비, 지역 교구를 담당하고 있는 수사, 오순절 교단의 설교자, 장로교 노회의 행정 목사에 이르기까지 현충일이나, 대학 졸업식에서 함께 한 자리에 서게 될 것이며, 시민권을 위한 혹은 포르노 반대를 위한 시위행렬에도 함께 하게 될 것이다.3)

G. 종교전문가는 팔방미인이어야 한다. 그는 자신이 속해 있는 기관을 운영하기 위해 필요한 모든 일을 하는 사람이다. 목회 기능 중 가장 중심이 되는 이론은 이 종교에서 저 종교에 이르기까지 다양하다. 그러나 실제로 종교전문가는 당장 교회와 회당을 유지하기 위해 필요한 모든 일을 해야 한다.

이러한 종교전문가에 대해 일정한 모습을 보여준 문화인류학적 논평을 통해 지금 우리가 복음 중심으로 이끌어가고 있다고 하는 기독교 운동의 모습이 정말 무엇인지 분명히 할 필요가 있다. 흥미로운 것은 우리가 다음 장에서 언급하게 될 사도적 비전이 위에서 말한 모든 것들을 거부할 때, 가장 완전한 모습으로 이해될 수 있다는 점이다. 사도적 공동체에 의해 해석되고 실행되는 목회의 보편성이란, 편만해 있는 종교적 모델을 고상하게 여기거나, 이러한 모델을 좀 더 발전시키는 모습이 아니라, 이렇게 편만해 있는 종교적 모델을 철저히 수정하는 대안을 제시하는 것이어야 한다.

만약 우리가 신약성서의 모델이 진정 어떠한 것인지 살펴보려면, 우선 위에서 개관해 본 "전문적 종교인" 혹은 "종교전문가"의 관점이 사도 바울이 디모데와 디도에게 쓴 편지에 기록되어 있는 총괄적인 설명과 어떻게 다른지 먼저 점검해 보아야 한다. '우리가 성서에서 발견할 수 있는 진정한 모델은 어떠한 것인가?' 질문하면서 사도 바울이 자신에 대해 그리고 사도들의 역할을 어떻게 이해하고 있는지 보다 포괄적으로 이해할 수 있어야 한다.[4] 그가 기록한 이러한 총괄적인 설명은 감독과 집사들에 대한 글들이다. 물론 '장로들'에게 보낸 다른 편지들 및 여러 문서에서 언급되고 있는 내용과 사도행전의 예루살렘 및 안디옥 교회 리더들에 대한 내용도 살펴보아야 할 것이다. 그리고 아마도 바울이 쓴 편지들보다 조금 뒤에 기록되긴 했지만, 복음서들에서 예수님께서 그의 제자들에게 하신 말씀을 통해 목회에 대한 힌트를 좀더 얻을 수 있을 것이다. 구약 성서로부터 전해 내려온 기억들을 통해 이리저리 뒤섞여 있는 목회의 맛을 느끼면서 소위 말하는 "목회에 관한 성서적 관점"이라는 아주 인상적인 선물보따리를 열어볼 수 있을 것이다. 실제로 수많은 사람들이 목회에 관한 글을 남겼다.[5] 그러나 만약 우리가 신약성서에 들어있는 내용으로 위에 언급된 내용을 받아들일 수 있는가 살펴보려면 다음과 같은 질문을 던져야 할 것이다.

– 과연 목회 직무나 유형에 하나의 특별한 모습만 있는가?

– 한 사람 혹은 특별한 몇 사람만이 목회를 감당해야 하는가?

– 누가 그들의 생계를 담당해야 하는가?

– 안수를 위해 특별한 성품이 요구되는가?

– '교회란 무엇인가?' 정의를 내릴 때, 핵심적인 내용은 무엇인가?

– 교회의 주된 기능은 무엇인가?

이러한 질문들에 대하여 성서를 근거로 한다는 여러 자료들을 세밀히 분석해 보면, 성서가 말하는 내용이 철저히 부정되고 있음을 알 수 있을 것이다. 그러기에 우리는 신약성서의 용어를 간단히 분석해 봄으로써, 그토록 철저히 외면당하고 있는 내용들이 무엇인지 살펴보아야 한다.

H. 소위 "구약 성서"라는 히브리 사람들의 역사는 이방 민족들이 갖고 있던 모델이 어떠한 것들이었는지 보여줌으로써 우리에게 도전한다. 이스라엘 민족의 제사장은 일반적인 종교인들의 흔적을 거의 그대로 답습한 것에 불과하다. 이스라엘의 제사장은 그들의 동지였던 이방 제사장들처럼, 세습이라는 제도에 의해 지위를 전수받았다. 그들도 농경사회의 주기에 따라 축하의식을 주관하고, 왕을 축복하였다. 이스라엘의 절기별 축제들과 희생제사들, 그리고 성전의 설계는 이웃 나라 사람들의 축제 및 희생 제사와 흡사했다.

그러나 여전히 제사장 업무와 거룩한 왕권과 연결된 제사장의 임무는 많은 점에서 이스라엘의 제도와 그들만의 메시지에 의해 검증을 받아야 했다. 수많은 가부장적 이야기 속에 존재하는 유일한 제사장의 역할은 이방인 멜기세덱의 이야기이다. 메시지를 따라가다 보면, 연도를 기반으로 한 주기적인 풍요의 종교가 중심 무대로부터 멀어지고 있으며, 역사 속의 구원 사건을 근거로 한 예배로 자연스럽게 주제가 전환된다. 주변 가나안 국가들의 이러한 농업 축전들은 출애굽기나 약속의 땅으로 들어가는 것을 축하해주고 있다.

예언자들은 출신과 상관없이 새로운 신적인 능력을 부여 받은 사람들이며 기존의 제사장들을 대신하거나 그들과 충돌하며 일어나게 되었다. ("네 하나님 여호와께서 너희 가운데 네 형제 중에서 너를 위하여 나와 같은 선지자 하나를 일으키시리니"신명기18:15, 여기에서 우리가 주지해야 할 것은 중요한 사역을 위해 예언자들에게 신적인 위임이 주어졌다는 결정적인 사실이다.) 원래 예언자는 직업이 아니었다. 대다수가 '거짓 예언자들'이기는 했지만, 성전의 예언자들이나 궁중 예언자들을 위해 임금을 주는 것은 한참 뒤에서나 생겨난 일이다.

예언자들 외에 '성문 앞 장로들'이 있었는데 그들은 평신도로서 공동체가 세운 복수 리더들이었다. 이들은 이스라엘 마을 출신들이었고, 후에는 회당에서 활동하였다.

유대인들이 흩어지게 되자 유대인들은 책속의 인물들이 되었고, 그들에게 신학적·사회학적 쇄신이 일어났다. 이러한 쇄신은 민감성과 실천성에 있어서 사람들의 관심을 종교의식에서 삶 속에서의 고백으로, 예식에서 진리와 말씀으로 옮겨가도록 부추겼다. 사회학적으로 이러한 쇄신은 종교 센터, 제후, 혹은 회중으로부터가 아니라, 성서와 자신들의 언어적 능력을 통해 스스로의 권위를 추구하는 서기관들과 랍비를 탄생시켰다.

간단하게 말해, 고대 이스라엘과 그 후 유대주의 안에서 종교전문가의 기능은 자연스럽게 받아들여졌고, 분명하게 존재하였고, 적절하게 이용되었다. 그러나 그 가치는 상대적이고 새로운 의미로 채워지고 있다. 이스라엘의 정체성을 살펴볼 때, 더 이상 종교전문가는 중심에 서있지 않다. 왜냐하면, 이스라엘의 생명이 존재하는 것은 그 주변 국가의 생명력에 달려있기 때문이고, 그에 따라 그리고 오순절 새 언약의 혁명을 향해 이스라엘 사람들이 계속 움직이고 있기 때문이다.6)

---

1) 대개 사람들은 제비뽑기로 선택된 "성직자(clergy)"라는 말을 즐겨 사용하는데, 이는 종교전문가들의 여러 특수층을 총괄하여 지칭하는 가장 중립적인 용어이다. 그러나 인류의 깊은 역사와 기억을 더듬어보면 신탁을 부여받은 대언자나 예식을 집전하는 사람들의 역할이 더 먼저 떠오를 것이다. 이곳에서 나는 이미 많은 사람들이 갖고 있는 개념과 특권을 피하기 위해 "종교전문가(religionist)"라는 원색적이지만 중립적인 용어를 사용하였다.

2) 북부 유럽과 같이 사회학자들이 종교적인 역할을 대신하게 된 후기 종교사회에서도 여전히 기독교 종교전문가들을 위해 이런 저런 방식으로 재정적 지원을 하고 있다.

3) 누가 목회자인지 정의를 내리는 데는 여러 가지 결정하기 어려운 문제들이 존재한다. 예를 들어 안수 받지 않은 선교사들 혹은 교단 소속의 행정가들, 신학자들, "면허"는 있지만 안수 받지 않은 목사들, 자기 직업을 갖고 있는 자비량 설교가들, "평신도 리더들," 블랙 무슬림, 여호와의 증인, 정치적 이유 때문에 회중을 떠난 사람들 (예: 앤드류 영 Andrew Young – 마틴 루터 킹 목사를 후원한 친구로서 미국 조지아 주의 정치인이자 미국 NCC 의장을 맡았던 흑인 목사 – 옮긴이주), 기자(예: 빌 모이어스Bill Moyers – 미국 저널리스트), 군사 학자(에른스트 르페버Ernst Lefever – 미 정치 및 국제 이론 전문가), 기독교 병원 사무장 혹은 기독교 대학 교수 등을 고려해 볼 때 누가 목회자인지 결정하기 쉽지 않다. 이러한 문제들은 그 개념이 무엇인가에 대해 상대적으로 정의되는 것이 아니라, 철도청 성직자 그룹이나, 징집 위원회나, 교회가 모두 다 같은 기관이 아니냐는 철학적 궤변에 의해 의미가 더 뚜렷해

지는 것이다.

4) 가장 잘 정리된 글들의 목록을 보기 원한다면 책 뒤의 참고자료를 살펴보라.

5) 위에서 사용한 "바울의 비전"이라는 말은 정확한 표현이 아니다. 이에 대한 실행과 이유들에 대해 최초로 사용된 표현들은 사도바울의 글들에 나타나 있지만, 나머지 신약성서를 통해 알 수 있는 것처럼, 똑같은 비전이 다른 글들에도 여전히 반영되어 있다. The Church and Ecumenism, Concilium #4 (New York: Paulist, 1965), p. 58.에 실린 "교회의 은사 구조 (The Charismatic Structure of the Church)"라는 글에서 Kung은 Ernest Kasemann의 글을 인용하면서 이러한 은사의 비전에 대해 동의하면서도 "특별히 바울 서신에 나타난 개념이 다른 글에서 나타난 개념과 똑같은 것이라 단정하기는 어렵다"라고 말하고 있다.

6) Donald Gaymon, "The History of Israel and the Lay Revolution." *Study Encounter* 3 (1967) #3, p.128 ff.를 참조할 것.

2. 신약성서의 용어사용

인약성서에서 사용되고 있는 목회와 관련된 어휘들은 38쪽에 도표로 정리해놓았다. 이렇게 도표로 정리한 이유는 간략하게나마 그 의미들을 대조해 보고자 함이다. 그리고 목회 관련 어휘들을 도표로 정리하면서 다음의 설명들을 좀 더 쉽게 이해하고자 함이다.

A. 신약성서에는 구별된 목회(혹은 목회 임무, 기능 혹은 역할)에 대한 표현이 상당히 많이 기록되어 있다.

- 목회의 독특성은 각자가 자신에게 주어진 은사를 사용하도록 권고하는 모습으로 설명되어 있다. 로마서 12:1; 고린도전서 12장; 베드로전서 4:10

- 이러한 목회로의 부르심은 단순히 목회를 위한 은사가 다양하다는

사실 뿐만 아니라, 개인과 회중이 스스로 어떠한 은사를 갖고 있는지 잘 알 수 있다는 사실을 전제로 한다. 그러기에 다양한 용어들이 의미하는 바는 단순히 주어진 일의 여러 측면을 말하려는 것이 아니라, 주어진 일이 여러 가지이기에 은사를 가진 사람들이 하나 된 모습으로 함께 일하도록 권면할 필요를 일깨워 주기 위함이다.

B. 목회는 그 종류나, 이름, 그리고 상호관계에 있어 엄청난 다양성을 가진다. 우리는 사도들이 기록하고 있는 자료로부터 네 가지 서로 다른 목회에 대한 목록을 만들어 낼 수 있다.(로마서 12장; 고린도전서 12장과 에베소서 4장에 두 개 혹은 세 개의 목록) 이러한 기록은 서로 다른 것처럼 보이지만 은사의 다양성이라는 차원에서 볼 때, 그들은 서로 비슷하다. 사실 서신서의 기록 연대와 상황을 살펴볼 때, 이러한 기록들은 사도들이 겸임했던 목회의 모습을 그대로 반영하고 있다.

C. 사도(두 개의 목록에 첫 번째로 등장하고 있음)와 예언자(두 개의 목록에 첫 번째로 등장하고 있음)는 **논리적으로** 우선권을 부여받는다. 그러나 그 가치에는 계급의 우열이 없다. 고린도전서 12장에서 강조하고 있는 것은 그 위치에 있어서 각각의 은사가 가장 소중한 것이며, 그 어떤 것도 다른 은사를 대치할 수 없다는 점이다. 목회에 참여한 한 개인이 한 곳에서 다른 곳으로 '상승하거나' 진보하는 모습의 '사다리' 가 있다는 힌트는 그 어디에도 없다.

고린도전서 12장이 제시하는 내용 중, 우리가 좀 더 진지하게 살펴보아야 할 것은 다양한 은사들 가운데 어떤 것이 더 소중하고 어떤 것이 덜 소중하다는 식으로 가치의 우열을 매기는 모습에 대한 엄중한 경고

이다. 이러한 경고는 부차적인 것이 아니라, 12장 전체에 드러나 있는 메시지의 본질이자 핵심이다. 12장이 전달하려는 것은 은사가 다양하다는 메시지가 아니다. 적어도 고린도 교회에서 은사가 다양하다는 사실은 너무나 명백해서 언급할 필요조차 없는 내용이었다. 그러므로 바울이 갖고 있던 전체적인 관심은 이러한 모든 은사들이 같은 뿌리를 갖고 있고, 이 모든 은사들이 동일하고 소중하다는 것을 좀 더 분명히 하려는 것이었다.

하나의 은사를 다른 은사보다 더 소중히 여기는 그릇된 생각과 태도에 대해서는 나중에 다시 다루게 될 것이다. 모임을 중재하고 조정하는 장로와 목회자의 기능은 매우 중요한데, 이는 유기적인 조직체이자 그리스도의 몸으로서 교회의 기능과 생존이라는 사회적 이해와 맞물려 있다. 구약의 이해에 따르면, 하나님의 백성들에게 있어서 가장 중요한 일은 예언자적 기능으로, 권위 있는 하나님의 말씀이 각각의 상황에 가장 적절하게 선포되는 것을 전제로 한다. 과거의 그룹 정체성을 유지하기 위해 전통을 고수하는 교사로서 예언자의 역할은 전략적으로 가장 중요하다.(야고보가 제안하는 바와 같이, 이것은 가장 위험한 것일 수도 있다) 현재 어떤 사람들이 주장하는 것처럼 치유, 방언, 영분별 등 황홀경으로 이끄는 신비한 은사들이야말로 그 무엇보다 중요한 은사라고 주장할 수도 있다. 이러한 은사를 통해서만, 이 세상에서 하나님의 간섭하심을 명확하게 느낄 수 있고, 하나님의 존재를 가장 확실하게 깨달을 수 있다고 믿을 수도 있다. 그러나 바울은 이러한 것들에 무게를 두지 말라고 조언하고 있다. 각각의 은사는 절대 없어서는 안 되며 아주 독특하다.

D. 같은 사역을 위해 동일하게 사용되는 세 가지 용어에 대해 살펴보고자 한다. "장로"는 회당에서 사용하던 "감독"1)이라는 용어로 표현될 수 있으며, 기능적이면서도 "목자"라는 상징적인 의미를 나타내준다.2) 이 세 가지 용어들은 사도행전 20장과 베드로전서 5장에 거의 같은 의미로 사용되었으며, 디도서 1장에서는 감독overseer/장로elder와 동일한 의미로 사용되었다. 이들은 스스로 통치할 수 있는 지역 회중 내의 동등한 리더십을 조직하였다. 모든 회중에는 이러한 사람들이 반드시 존재한다.

E. 장로-감독-목자와 "교사" 사이에는 약간의 연결고리가 있다.

- 에베소서 4장 11절에서 이 둘은 서로 문법적으로 연결되어 있다.
- 디모데전서 5장 17절에서 이 둘은 서로 연결되어 있으면서 동시에 차별화 되어 있다. 장로들이라고 해서 모두 가르치는 일을 담당한 것은 아니다. "교사"라는 임무는 특별히 전략상 야고보서 3장 중요하며 경제적인 후원을 받아야 하는 모습으로 기록되어 있다.

F. 일반적으로 경제적 유형은 정해져 있지 않았다. 사도들과 고린도전서 9장, 가르치는 장로들을 디모데전서 5:15; 갈라디아서 6:6 위해서는 재정적 후원이 적법한 것으로 설명되어 있지만, 재정적 원조를 받을 권리를 포기하는 것 또한 좋게 설명되어 있다. 고린도전서 9:1; 베드로전서 5:2; 사도행전 20:32~35

G. 이러한 임무들 중 그 어느 것도 기능적인 면에서나 용어적인 면에

서 제사장적인 것은 없다.3) 사도행전이 기록하고 있는 예루살렘 교회에 '제사장들'은 있었지만, 그들은 성전 안에서 역할을 수행한 것이지, 교회에서 수행한 것이 아니다.

H. '집사'의 임무는 성서에서 거의 자취를 감춘 것이 분명하다. 가장 많이 언급되었던 단어 디아코노스diakonos는 특별한 임무를 구체적으로 명시하지 않고, 단순히 '섬기는 사람'을 의미한다.4) 빌립보서 1장 3절과 디모데전서만이 이 단어를 특별하게 목회와 연결시켜 사용하고 있다. 이러한 참고문헌을 통해 알 수 있는 것은 집사가 무엇을 했는지 분명하지 않다는 점이다. 많은 교회가 폭넓게 이해하고 있는 내용, 즉 남·여 집사들이 물질적인 필요를 다루었을 것이라는 추측들은 뚜렷한 근거가 없다. 사도행전 6장에는 인칭대명사가 존재하지 않는다. 즉 디아코니아diakonia는 '음식 베푸는 일'tables과 '말씀 전하는 일'Word을 모두 담당했다. 열두 사도들이 '음식 베푸는'diakonia 일을 위해 일곱 사람을 세우고, 자신들은 '말씀 전하는'diakonia 일을 담당했다. 그러나 이것은 독특한diakonos라는 임무를 감당하기 위해 음식 베푸는 시중을 든 사람들이 누구였는지 명확하게 설명하지 못한다.5) 훗날 가톨릭교회가 전적인 성직주의에 반대되는 뜻으로써 폭넓게 유포시킨 평신도라는 개념은 성서 그 어느 곳에서도 근거를 찾을 수 없다.

I. 소위 말해 "목회를 하지 않는 사람들"이라는 부정적인 의미로서의 "평신도"laity라는 개념은 성서에 아예 존재하지 않는다. 사람들을 의미하는 단어 라오스laos는 모든 목회 전반에 포함된다. 즉 감독도 그저 다수 중의 한 사람이다. 그러므로 '목회자가 아닌' 의미로 사용된 '평신

목회에 관해 사도들이 사용한 어휘들

고린도전서 12:8~10	고린도전서 12:28	고린도전서 12:29상	고린도전서 13장	로마서 12장	에베소서 4:10	베드로전서 5:10	사도행전 20장	
	사도 apostle	사도 apostle			사도apostle			
예언자10	예언자 14:1참조	예언자	예언 2:8	예언 6	예언자들			
					복음전도자들			복음전도자들 딤후 4:5
					목자들	목자들 2f	양떼 28	장로들 딤전 5:17, 딛1:5
					장로들	장로들		가르치는 장로 딤전 5:17
교사	교사	교사		가르침 7	교사들			교사들 약 3장
						감독들	감독들 28	감독들 디도 1:17 딤전 3:1
기적들10	기적들	기적들						
치유9	치유	치유30						
	도움			섬김	봉사			종 딤전 3:8
	행정가			사회를 봄				
방언 10	방언	방언 30	방언 1,8					
통역 10		통역 30						
분별 10								하나님의 사람 딤전 6:11
지혜 8			신비					딤후3:17
지식 8			지식 2, 8					하나님의 종 딤후 2:24
믿음 9			믿음 2, 13					여성들도 허락 딤전 3:11
			나누어줌 3	쓸 것 공급				과부들도 허락 딤전 5:9
영분별 10								
				자비 8				
		순교						

도'라는 단어는 이단적인 용어이며, 몇 세대 후에 등장한 용어이다.

이러한 용법의 의미

그러므로 우리는 처음 시작부터 성서가 어떤 목회를 위해 어떤 용어를 사용하였는지 매우 정확하고 독창적인 형태의 언어 사용례를 살펴보았다. 공식적으로 사용된 용어들을 요약함으로써 단순하고 획일적으로 설명하는 것도 중요하지만, 이보다 더 중요한 것은 신약성서 속에 기록되어 있는 다양한 목회의 영적ㆍ신학적 의미가 무엇인지 파악해 보는 것이다. 그러면 과연 이렇게 사회 환경이 조성된 것은 우연의 산물일까? 아니면 그렇게 배우는 것이 하나의 예로 주어진 것일까? 이에 대해 바울은 이러한 형태가 신학적으로 피할 수 없는 사실이라고 명확하게 설명하였다.

A. 가장 인상적이면서 일반적인 목회의 특성은 다양성multiplicity으로 표현할 수 있을 것이다. '다양한' 이라는 이름아래, 우리가 관찰할 수 있는 세 가지 중요한 면들은 다음과 같다.

- **각각의 사역은 다양하다.** 목회에는 서로 다른 기능들이 존재하며, 목록도 다양하다.
- **목회는 함께하는 것이다.** 어떤 역할에 있어서 지역 회중을 감독하는 것이 목회이지만, 형제들자매들이 함께 이러한 목회를 감당하였다.
- **목회는 보편적이다.** "각 사람은 하나님께로부터 받은 은사가 있다." 이 표현은 고린도전서 7장 7절, 에베소서 4장 7절, 베드로전

서 4장 10절에 아주 분명히 명시되어 있으며, 로마서 12장 3절은
암시적으로 명시하고 있다.

이러한 삼중적 목회의 다양성에 신학적 의미가 있는가?

B. 에베소서 4장 8절에 따르면, 그리스도의 사역은 각 사람들
humankind에게 "선물들을 나누어주시는" 것이라 기록되어 있다. 성서에
인간으로 내려오시고 하늘로 올라가신 이미지와 시편 68편에서 사용한
용어는 바울 신학에 동일한 모습으로 나타난다.**6)** 은사의 다양성은 그
자체로 그리스도의 구원사역과 그의 통치의 측면을 나타낸다. 이것은
모든 사람들을 충만케 하시는 한 분이신 주님에 의해 모든 사람에게 부
과되는 선물이다. 이것은 주어진 업무의 효율성을 높이기 위해 일을 나
누어 해야 한다는 일의 방식을 말하려는 것이 아니다.

히브리서 2장 3절에 보면, 저자가 "그토록 소중한 구원"을 이루시기
위해 우리를 부르셨다는 사실을 소홀히 해서는 안 된다고 하면서 그 이
유를 네 가지로 정리하였다.

- 그것은 주님이 선언하셨기 때문이며
- 사도들이 증언하고 입증하였기 때문이며
- 여러 가지 기사와 이적을 통해 증명되었기 때문이며
- 하나님께서 자신의 뜻을 따라 성령의 은사를 나누어 주셨기 때문
  이다. 그러므로 에베소서 4장의 기록과 같이 히브리서는 은사를
  주신 것이 그리스도의 승리를 확증하는 그리스도 구원 사역의 부
  분이라고 밝히고 있다.

C. 에베소서 4장 13절의 "그리스도의 충만함"과 4장 16절의 "몸에 갖추어져 있는 각 마디가 연결되고 결합되는" 모습은 앞에 있는 11, 12절의 사역과 정확하게 일치되며, 4장 3~6절의 신적인 연합을 의미한다. 그러기에 4장 13절에 기록된 그리스도의 충만한 모습을 현대주의 및 개인주의화 된 각 그리스도인의 성숙된 모습으로 제한한다면, 4장 전체가 말하는 연합으로부터 완전히 동떨어진 개인만 남게 된다. "믿음 안에서 하나가 되는" 일과 "온전한 사람이 되는" 일, 그리고 "그리스도의 충만하심의 경지에 다다르는" 일은 한 명의 그리스도인이 온전한 인격을 갖추어야 한다는 설명이 아니다. 오히려 이러한 모든 것은 다양한 목회를 위해 거룩한 협력을 설명하는 것이다.

이러한 목회의 다양성을 공평하고 긍정적으로 평가하는 것이 바로 고린도전서 12장 "각 사람에게 성령을 나타내 주는 것은 공동의 이익을 위한 것"과 로마서 12장 "하나님께서 나누어주신 믿음의 분량"이라는 의미이다. 여기에서 바울은 그리스도가 하신다고 하지 않고, 성령께서 하신다고 표현하고 있다. 다시 말하지만, 여기에서도 저자는 다른 형태에 의해 쉽게 대치할 수 있거나 제 멋대로 선택할 수 있는 그 무엇으로 목회의 다양성을 설명하지 않았다.

D. 히브리서에서 그리스도의 사역은 제사장됨을 폐지하는 모습으로 기록되어 있다. 형제들 중에 최고의 순종과 자기희생을 아끼지 않은 온전한 대제사장으로서 그는 정기적으로 되풀이 되는 제사장의 기능을 수행하면서 모든 사람이 거룩한 장소에 이르도록 우리에게 권한을 부여하신다. 그러므로 새로운 언약 안에서 전혀 적용되지 않는 제사장직은, 교

회 내에 있는 그 어떤 제사장적 임무를 맡은 그 어떤 사람이 아닌, 하나님의 모든 백성들이 갖는 특징으로 그 모습이 바뀌었다. 그러므로 요한계시록 5장과 베드로전서 2장에 나타나는 "제사장 나라"a kingdom of priests라는 표현은 과거의 독특한 제사장적 역할이 폐지되었음을 분명하게 나타내는 것이다. 그러기에 신약 교회에서는 사람들이 예언자로서의 역할과 장로 및 랍비로서의 역할을 동시에 수행해야 한다. 예루살렘 교회에 동참한 제사장들이 그리스도인들에게 필요한 또 다른 제사장직을 만들지 않았다.

이렇게 제사장직에서 해방된 것과 같이 신약성서는 교회의 예식에 대해서도 별다른 관심을 보이지 않았다. 우상에게 바쳐진 제물을 먹는 것은 윤리적인 문제이지, 종교나 예식적인 문제로 여기지 않았다. 그러므로 "날과 달과 계절과 안식년"갈라디아서 4장 10절을 지키는 것은 개인적인 관계나 기호에 따른 것일 뿐이었다. 음식과 음료를 마시는 것도 마찬가지였다. 희생제물이라는 용어도 윤리적인 헌신과 분별을 설명하기 위한 것으로써 문자적으로 사용된 것이 아니라 상징적인 의미로 사용되었다.로마서 12장 1,2절

E. 목회의 다양성은 단지 옳고 그름을 판단하고자 하는 피상적인 중요성에 의해 좌우되는 것이 아니라, 교회를 위해 존재하는 특별한 은혜의 사역과 표준으로 자리해야 한다. 이러한 것을 통해 우리는 다음과 같은 내용을 이끌어 낼 수 있다.

- 다양한 차원의 목회가 상당히 구체적인 모습의 변화와 더불어 지속적으로 나타나고 있으며

- 유대주의로부터 전승되어온 제사장제도가 사라졌고, 새로운 유대적 질서를 자리 잡도록 새로운 "직책"들이 생겨났으며
- 사도들의 기록에 따르면 다양한 차원의 목회는 그리스도와 성령 사역의 특별한 속성이며
- 최소한 전문종교인들에 대한 보편적인 문화인류학적 경향을 띤 세대를 위해 효과적인 이해의 토대가 마련되었다는 점이다.

엄청난 변화를 몰고 왔던 1세기 운동이라는 맥락을 살펴보면서 적어도 자신의 개인주의적인 모습을 자제하기 위한 지혜로운 모습이 요구되었다. 그리고 사도적 부르심을 따라 각 사람에게 부여된 독특한 모습이 무엇인지 생각해 보도록 요구되었다. 이는 어떤 사람이 다른 사람을 멸시하는 모습이 아니라, 건강한 몸의 모든 기관으로서 모든 사람이 하나로 연합되는 모습이어야 한다. 뿐만 아니라, 각 사람이 자신만이 갖고 있는 독특한 모습을 보다 더 분명하게 하는 모습이 되어야 한다.베드로전서 4장 10절; 로마서 12장 3, 6절 조화와 다양성은 긴장을 유발하는 것이 아니라, 항상 상호 보완을 필요로 한다.

변화와 손실

복수 목회의 흔적은 (이론적이긴 하지만) 오랜 세월 동안 중세 교회의 일곱 가지 성례전에 잔재해 있다. 비록 이들 중 특별하게 구별된 직책들이 있었으나 대부분은 자신에게 주어진 권리를 통해 목회하기보다는 (성구낭독자나 귀신을 내어쫓는 축귀자 같은)폐지된 직책을 붙들고 있거나, (집사처럼)제사장이 되기까지 사다리를 타고 올라가는 모습이 되었다.

그러나 이러한 흔적에 어김없이 나타나있는 것은 문화인류학적으로 인류를 어디론가 끌고 가려는 모습인데,7) 이러한 모습은 첫 시대에 드러나 있던 목회의 독창성을 갉아먹고, 첫 시대의 은사의 보편성charismatic universality을 무시하는 쪽으로 이끌어간다는 사실이다. 그래서 특별한 성직 계급이 곧 모습을 드러내었고 이는 곧 "평신도"라는 용어를 "목회와 상관없는" 모습으로 재정의하였다. 소위 말하는 제사장hiereus 혹은 sacerdos적이라는 어휘 및 기능, 그리고 거룩한 규율hierachos은 섬기는 종에 대한 의미를 완전히 다른 의미로 바꾸어 놓았고, 더 나아가 기독교의 참된 의미를 바꾸어 놓았다. 이러한 변화는 이미 2세기 중엽부터 시작되었다.

종교개혁이 일어나기 훨씬 전인 이때부터 "타락"이라는 개념이 공명을 울리며 그 모습을 보이게 되었다. 이것은 결코 특이한 분파주의적 개념이 아니다. 그렇다고 마치 우리가 잃어버린 "신약교회의 유형"을 쉽게 회복시키는 것이 가능하다거나, 이상적이라거나, 혹은 충분히 가능하다고 믿는 것처럼 보는 유치한 원시주의적인 의미로 이해해서도 안 된다. 이 부분에 대해서는 후에 좀 더 다루게 될 것이다. 어쨌든 이러한 것이 '타락'이 되었든 '잃어버린 손실'이 되었든 그 의미는 '배교'와 다르다. 사실 '평신도'lay라는 용어를 '목회를 하지 않는' 의미로 맨 처음 사용한 사람은 로마의 클레멘트Clement인데, 주후 96년 그렇게 사용한 이래로 그리스도인들의 구원 혹은 주관적인 신실함에 대하여 그 어떤 판단을 내리지 않게 되었다. 이때부터 이 용어는 인류학적으로 통일된 유형의 종교전문가 즉 성례전을 시행할 수 있는 소수의 종교전문가들이 다시금 교회에서 일반화되고, 교회가 그들만이 가졌던 특별하고 고유한 특성을 가졌던 원시공동체8)의 독창적 흔적을 잃게 되었다는 사실을 알리는 서술용어가 되어 버렸다.

　그렇다면 왜 이러한 일들이 일어났을까? 무엇이 이러한 '타락'을 만들어 냈는가? 어떻게 이러한 변화가 그토록 철저하게 이루어졌는지 살펴보려면 '타락'이라는 용어는 적절하지 않다. 이러한 변화가 갑작스럽게 일어났을 것이라는 인상을 줌으로써 잘못 인도할 수 있기 때문이다. 실제로 이러한 변화는 어느 날 갑자기 일어난 것이 아니라 세대에 걸쳐 점진적으로 일어났고, 짧은 기간별로 살펴보면 대부분 이러한 변화의 조짐은 거의 인식되지 않는다.

　이러한 변화를 시도한 이유를 살펴보면 아마도 수많은 좋은 의도들이 있었을 것이며, 보다 능력 있는 사람들이 사심 없이 그동안 무시되고 있던 예배의 중요한 부분을 채우기 위해 개입하였을 것이다. 그리고 그렇게 한데는 일의 진척을 느리게 하거나 보다 복잡한 임무들을 더 많이 만들어내기보다는 사람들이 갖고 있는 여러 가지 은사를 동등하게 여기거나 양육하기 위한 노력도 있었을 것이다. 만약 어떤 이가 일 중심의 사람이라면, 그 사람에게는 은사가 없어 보이는 사람, 젊은 "평신도"laity 그리고 성령님을 끈질기게 설득하는 것보다 스스로 일하는 것이 훨씬 쉬울 것이다.

　그러나 그 시작을 여전히 순수한 눈으로 바라볼지라도 다른 동기들은 그다지 칭찬할 만한 것들은 아니다. 우선 새로운 믿음을 갖고 '회심'을 통해 기독교인이 된 신실한 새 신자들은 그들이 교회 안으로 들어올 때 이전에 갖고 있었던 문화적 정체성의 요소들도 함께 가지고 온다. 이러한 '이전의 정체성' 중 어떤 것들은 기독교 공동체Christian community를 풍요롭게 한 긍정적인 측면이 있으며, 어떤 것들은 복음의 독창성을 희석시키는 면이 있다. 이들 중, 사제가 중심적인 역할을 하는 이방 종교의 문화에 꽤 깊이 빠져있던 사람들이 상당히 있었다. 그리고 그 사람들 중에서, 그리스도인이 되어 헌신하고 예배를 인도하거나, 하나님의 계시를 말하거나, 혹은 신비한 경험을 전하는 등 영적으로 핵심적인 일을 감당하였다. 이때 이전의 거룩하고 영적인 일은 기독교의 의미로 변하고, 이를 따르는 사람들은 그들이 가져온 제사장적인 제도를 지지하거나 제사장적인 봉사의 대상이 되었다.

변화의 또 다른 요소는 능력을 행사하는 이교적 예배, 관례의 통제, 상상력의 부재를 들 수 있다. 기독교가 어떻게 성직자 중심으로 변하게 되었는지를 설명하다보면 사회적 구세주로서 로마 시저를 어떻게 보는지 설명하는 것과 똑같은 느낌을 받는다. 이것은 사람들이 어떻게 인종 중심적, 성적, 미신적인 모습으로 변해 가는지 설명하는 것과 같다. 결국 수많은 작은 변화가 일종의 형태들을 만들어내고, 초기 기독교의 모습이라기보다는 1세기에 존재했던 비기독교적 미신행위와 같은 이상한 예식을 만들어냈다.

유감스럽지만 구조적 변화가 교회의 본질을 바꾸어 놓았다는 개념은 종종 너무나 쉽게 혹은 강제적으로까지 사람을 회원으로 받아들이도록 만드는 일에 초점을 맞추게 하였다. 적어도 4세기 전까지는 점진적인 변화를 통해 회원이 되었다. 이러한 것을 바로잡기 위해, 사람들은 곧 수도원 제도와 급진적인 개혁을 시도하였는데, 이는 각 구성원이 믿음과 헌신을 토대로 공동체를 세우는 새로운 기반이 되기도 하였다. 어떤 사람들은 콘스탄틴 황제가 상징하는 제국의 폭력과 이를 도덕적으로 수용한 것을 교회의 가장 큰 타락으로 본다. 그러나 어떤 사람들은 저스틴 마터Justin Martyr, 150년 사망에 의해 처음 문서로 정리된 교회/회당의 결별과 더불어 이미 타락이 시작되었다고 보고 있다.

지금까지 설명한 모든 것은 사실이다. 이러한 실패들 하나하나가 곧 비극이다. 목회의 보편성을 잃어버린 것은 로마 제국의 그리스도인들이 여전히 박해받는 소수였을 때, 유대인 됨을 잃어버리게 된 시대와 때를 같이 한다. 콘스탄틴 이후의 변화는 다음과 같은 이유로 이러한 목회의 보편성을 잃어버리게 된 최악의 시기로 기록된다. (a) 성직을 지지하는 다수의 종교세계관에 따라 교회에 성직자를 요청하게 되었다. (b) 이는 교회의 각 구성원이 반드시 신자가 되어야만 한다는 사실9)을 받아들이지 않았기 때문에, 교회에 속한 모든 구성원이 목회자라는 개념을 교회가 거부하였고, 이렇게 된 것에 대해 별로 놀라지 않게 되었다. 이러한 것은 왜 목회의 갱신에 관한 수많은 대화가 외국 선교 현장에서 자주 등장하게 되는지 설명해 준다.

이러한 유형은 다음에 살펴보게 될 예외조항과 더불어 현재 교회의 모든 정책과 신학에 그대로 반영되어 있다. 실제로 어떤 기독교 그룹이 갖고 있는 특별한 이론이 이 점과 그다지 다를 바가 없는 것은 바로 인류학적, 심리학적으로 보더라도 이 '타락' 에 총체적인 원인이 있음을 확증하는 것이다. 안수에 대한 신학적 기반이 없는 그룹들조차도 성직자의 기능이 마치 대단히 거룩한 것인 양, 귀하신 '형제' 혹은 '성직자' reverend로 그들을 대우해 준다. 아마도 교회가 이러한 전통을 회복할 수 있을지 잘 모르겠지만, 여전히 교회의 리더들은 '성직자' 로 호칭되며, 동료들로부터도 높으신 교회의 목회자 '님' 으로서 대우를 받는다. 교회 전통은 리더를 네 가지 종류의 목회로 나아가라고 요청하지만, 어쨌든 그는 유일한 '목사' the pastor가 될 것이다. 아마도 목사가 회중의 부르심을 제대로 믿고 있을지 잘 모르겠지만, 직업을 찾아 전문적인 일을 하는 사람이라는 상호호환적인 의미를 여전히 바뀌지 않을 것이다. 그의 임

무는 분명하며, 이 일을 감당하기 위해 3년의 목회학석사과정 밟아야 하
는 모습이 될 것이다.

---

1) episcopos라는 말과 동일한 어원을 갖고 있는 용어이다. "감독(bishop)"이란 단어
　로 표현하는 것은 현재 성직을 떠오르게 하여 혼동을 준다.
2) "목자(shepherd)"라는 용어는 라틴어의 pastor에 해당하는 단어인데 이 또한 성직
　과는 전혀 관련이 없던 용어였다.
3) Alan Richardson, 『Introduction to Theology of the New Testament』(New
　York: Harper, 1959), 리차드슨은 그의 책, 신약신학 서론에서 신약성서가 "제사장
　적 임무(priesthood)"라는 용어를 사용할 때, 그것이 의미하는 바는 하나님의 모든
　백성을 지칭하는 것이지, 그들이 행하는 역할을 말하는 것이 아니라고 밝히고 있다.
4) 리차드슨은 제사장(priest)처럼 "종(diaconos)"과 "섬김, 봉사(diaconia)"라는 용어
　가 모든 사람을 의미하는 것이라고 밝히고 있다.
5) Alan Richardson, 『Introduction to Theology of the New Testament』(New
　York: Harper, 1959) p. 301.
6) 만약 어떤 학자들이 말하는 것처럼 에베소서가 로마서보다 한 세대 후에 기록된 것
　이라면, 원래 전하고자 했던 뜻을 보다 더 명확하게 해 주는 것이 된다.
7) 인류를 어디론가 이끌고 가는 것은 식물이나 동물의 품종을 개량하는 유전학자들
　이 다음 세대를 위해 개인이나 품종을 아주 독특하게 만든다는 의미로, 그들 안에
　존재하는 특성을 이끌어내고자 할 때 사용하는 용어이다. 유전학자들은 이것을 염
　색체로 설명한다. 인류학자는 이러한 것을 공유된 기억으로 보거나 지속적인 필요
　에 대한 반응으로 본다.
8) "잃어버림(Lose)"은 아주 부드러운 표현이다. 원래의 비전을 잃어버렸다는 것은 단
　순히 무엇인가를 희석시키거나, 어떤 것을 점점 더 쇠퇴하도록 만들거나, 싫증나게
　만드는 것을 의미하지 않는다. 그것은 성직자적 군주제를 다시 유행시킴으로써 원
　래 비전을 공식적으로 부정하는 것을 말한다.
9) 유아세례와 관련된 질문과 이에 대한 설명은 이 책의 연구 범위 제약 상 별도로 다
　루지 않았다.

3. 복음이 지닌 예리한 비전 무디게 하기

일 반적으로 생각하는 "종교전문가" 모델과 복음서가 말하는 "보편적" 목회 사이에는 반복되는 긴장이 끊임없이 존재한다. 이러한 긴장이 존재한다는 것은 전혀 놀랄 일이 아니다. 이러한 긴장은 수많은 논쟁을 통해 상당부분 해소되었다. 이러한 목회를 정당화하는 유형들 중 두 가지 유형이 우리에게 직접적이면서 결정적인 도움을 줄 것이다.

벨하우젠Wellhausen의 제자들

여러 교회들에 대한 광범위한 연구 조사를 살펴볼 때, 목회와 사역에 대한 논쟁의 최전방에는 너무나 많고, 다양한 주제들이 놓여있다. 이러한 조사 연구 및 논쟁들 중, 이 책에서 다룰만한 것은 아주 미미하거나 거의 없다. 왜냐하면, 지난 4세기 동안 여러 교단을 아우를 수 있는 전통적인 관점이 하나도 없기 때문이다. 그러나 오해만 하지 않는다면, 현재 진행 중인 학자들 간의 대화와 우리가 다루고자 하는 주제가 어느 정도 관련이 되어 있거나 혹은 꼭 연관되어야만 하는 실낱같이 희미한 연결고리를 발견할 수 있다. 이들 중 어떤 사람은 독점적인 목회 유형을 지지하면서 목회의 다양성을 노골적으로 반박하기도 하고, 또 어떤 사람은 은근히 반박하기도 한다. 그렇다면 이제 우리자신의 입장을 밝혀야 할 차례다.

학자들의 신념들 중 하나로써 우리가 살펴보고자 하는 것은 목회유형 연구에 있어서 괄목할만한 진보를 보여 온 신약성서라는 문서 자체를 통해 목회와 사역의 진정한 모습을 우리가 충분히 분변해낼 수 있다는 사실이다. 우선 목회를 하면서 세운 젊은 교회들과 주고받은 바울의 서신들을 가장 먼저 살펴보고자 한다. 바울이 세운 교회들은 그가 편지를 쓸 당시 생겨난 지 얼마 되지 않는 교회들이어서—예를 들어 고린도교회—자연스럽게 발현된 '은사'와 '목회'의 다양성, 열정과 독창성이 우리들의 구미에 맞지 않거나 혼란스러울 수 있다. 그러나 바울은 이러한 열정과 독창적인 모습에 대해 한탄하지 않았고, 그것을 일일이 설명하지도 않았다. 그는 단순히 각 지체를 이루고 있는 멤버들에게 다양한 그룹들 간에 존재하는 섬김의 순서를 재고해 보며, 서로를 받아들이도록 요청하였을 뿐이다.

한참 후에 기록한 목회 서신에서, 바울이 가졌던 이러한 처음의 입장이 적잖이 바뀌었다는 논쟁은 아직까지도 끊이지 않고 있다. 그러기에 지금 여기에서 우리가 살펴볼 것은 당시 어떤 정해진 범주를 따라 정해진 기능을 실행하도록 선택된 군주적 감독에 대해서만 언급해야 할 것 같다. 이렇듯 서로 다른 시간과 공간에서 사도적 교회는 이미 감독이라는 제도를 수립함으로써 '초기 가톨릭주의'를 향한 행보를 상당히 많이 진척시켜 놓았다. 감독은 회중과는 독립적으로 자신의 임무를 정해 놓음으로써 사도성apostolicity을 담보했다.1) 이러한 방향으로 엄청난 진보가 이루어졌다는 사실을 잘 알고 있기에, 우리는 정경화된 문서들 안에 이미 존재하고 있는 이러한 운동의 초창기에 무슨 일이 있었는지 먼저 살펴보아야 할 것이다.

이러한 시각을 통해 우리가 이끌어 낼 수 있는 교훈은 다양한 형태로 나타날 수 있다. 어떤 사람들은 가톨릭 혹은 영국성공회Anglican church를 보며 이를 진보한 모습이라고 받아들인다. 그러나 어떤 사람들은 이러한 교회의 모습이야말로 회중의 정신을 희생시킨 교회라고 개탄한다. 어떤 사람들은 이러한 자료를 통해 바울의 인생 마지막 10년간 그의 사상이 어떻게 변하였는지 증명해 내기도 한다. 백인 가톨릭 신자들은 이러한 감독제도의 발달이 성령의 인도하심 아래, 그리스도 자신의 분명한 권위 혹은 최소한 사도들의 권위 아래 이루어졌다고 믿고 있다. 그러기에 이러한 발달이 곧 계시라고 믿는다. 어떤 사람들은 이러한 진행이야말로 역사적 필요에 의해 마땅히 이루어져야 했던 일, 즉 지혜로운 목회의 방향으로써 운동이 무르익어가면서 자연스럽게 정리된 적절한 모습이라고 말하길 좋아한다. 수많은 사람에게 이러한 논쟁은 단순히 목회적 질문일 뿐 아니라, 목회적 질서 혹은 무질서에 대한 보다 더 큰 질문들로 다가온다. 그러기에 성숙은 은사주의적 혼동으로부터 벗어나 무엇이든 제대로 설명되고, 안정된 제도로 정착되는 운동의 전 과정을 의미하며, 결국 교회가 거짓 영성으로 인도되지 않도록 성숙하고 책임 있는 사회인으로 자라가야 함을 의미한다.

어떤 사람들에게 진보와 관련되어 촉발된 이러한 논쟁은 성서 그 자체만으로 모든 것이 검증가능 하다는 "정경 안의 정경"이라는 말을 만들어낼 만큼 아주 강렬한 것이었다. 피라미드식의 성직제도가 만들어지는 것은 단순히 좋은 것으로써 용납할 수 없는 일일 뿐만 아니라, 고린도 교회의 다양성과 자연스러움까지도 받아들일 수 없게 했다. 바울은 "내가 여러분 가운데 누구보다도 더 많이 방언을 할 수 있음을 하나님께 감사합니다"라고 표현 한 것과 "여러분이 모두 방언을 말하기 원하지만, 예언하기를 더 간구하십시오"라고 표현한 것을 취하해야 할 정도였다. 이러한 것은 순서를 따라 예언함으로써 무질서를 극복하고, 보편적 목회를 통해 성령님의 능력을 드러내고, 또 계시적 권위가 자연스럽게 드러날 수 있기 때문에, 단지 방언이라는 황홀경에 빠져 무질서해도 된다는 의미도 아니며, 질서를 따라 은사를 사용하되, 특별히 모든 지체들이 그들의 은사를 제대로 활용함으로써 충분히 극복 될 수 있다는 의미다. 이것은 단순히 감독제도가 발전 과정상 꼭 필요했다는 것이 아니라, 준비됨 없이 무질서한 것보다는 질서 있게 되는 것이 선한 것임을 말하기 위함이었다.

이러한 논쟁이 갖는 단점은 논리상 부분적으로만 옳다는 것이다. 이러한 단점은 이스라엘 종교의 발달과정에 대한 견해를 밝힘으로써 명성을 얻게 된 구약학자 율리우스 벨하우젠Julius Wellhausen의 논문 부제를 통해 지적되었다. 벨하우젠은 히브리 종교가 다신론적 이방종교로부터 윤리적 유일신교로 점차 진보되었다는 입장을 갖고 있다. 이러한 입장 하에, 그는 다양한 문학적 실마리들과 성서의 여러 단락들과 따로 존재하는 단편들의 연대를 정리하는 구약의 편집방법을 따로 떼어 놓고 생각하였다. 문헌이 언제 것인지 연도에 따라 적절히 배열한 후, 그것에 따라 진보의 순서를 명시해 놓았다.2) 그의 탁월한 가설은 다른 학자들이 성서 본문의 연대결정에 대한 객관적인 자료를 찾아냈기 때문만이기도 하지만, '페티시오 프린시피' petitio principii:논리적 오류로써 검증되지 않은 사실을 전제로 해놓고 좋은 결과를 기대하는 것을 말함—옮긴이주라는 잘못된 논리적 오류를 찾아냈기 때문에 파기되었다. 결론은 애초 자료를 정리하는 방식에서 이미 결정될 수밖에 없게 되었었다.

목회 서신에서 발견할 수 있는 진보의 모습은 결국 같은 것으로 귀결된다. 기록 연대가 늦은 편지에 기록된 목회 유형은 상당히 안정된 모습을 보이고 있다. 즉 이러한 목회 유형은 후반기 서신서에서 발견되는 이러한 목회 유형은 서서히 진보된 모습을 띠고 있다. 그러나 설령 방법적인 면에 있어서 큰 실수가 보이지 않았더라도 학자들은 문제점을 증명하지 않은 채 진리인양 가정하고 논하지는 말았어야 했다. 학자들은 본문 자체를 깊이 들여다보는 대신, "초기 가톨릭주의"가 보여주는 후기 성서적 지식이 어디에서 시작되고 있는지에 더 많은 관심을 보였다. 그리고 그들은 누가 쓴 편지가 가장 나중에 기록되었는지 찾아내었다. 성서의 감독제도는 다음 세기에 시작된 것으로 알려져 있다.

만약 우리가 문제점을 증명하지 않은 채, 역사적인 것에 보다 더 많은 관심을 갖는다면 자못 그림은 달라진다. 만약 크레타나 바울이 머물렀던 지역이나 대리인을 보냈던 교회들이 보여주었던 권위 유형과 주요 서신서들이 다루는 교회의 권위유형 사이에 뚜렷한 차이가 존재한다면, 디모데서의 교회들이 바울이 기록한 로마서 및 고린도서의 교회들보다 훨씬 더 훗날에 생겼다는 뜻이 될 것이다.

만약 이 논쟁이 성숙해가는 공동체를 위한 사회적 필요나 목회적 필요를 근거로 한 것이라면, 주어진 장소와 연대가 더 분명해질 것이다. 바울은 여러 해 동안 교회가 스스로 운영되도록 교회를 방문하였고 서신서를 써서 보냈다. 디모데는 이제 막 생겨난 회중들에게 처음으로 스스로 운영되도록 기관들을 제공했었다. 디모데의 목회는 연대기적으로 나중에 해당하는 것이며, 그가 세운 교회들은 많지 않지만 상당히 진보한 모습을 보이고 있다. 디모데 자신은 이 교회들을 섬길 자격 있는 많은 사람들이 참여하는 목회의 모습을 보여줌으로써, 교회들을 직접 다스리는 역할에서 벗어나 있다.

디모데서나 디도서와 같은 목회 서신에 의하면 때때로 감독 제도가 점진적으로 발전한 듯이 보인다. 그러나 이것을 검증할 수는 없다. 왜냐하면, 사용된 어휘라든가 설명된 기능들을 살펴볼 때, 교구나 회중의 토대에 대한 그 어떤 기록도 발견할 수 없기 때문이다. 원래 이들은 감독으로 부름을 받은 사람들이 아니라, '복음전도자', '하나님의 사람' 그리고 '주님의 종' 으로 부름을 받은 사람들이다. 이들의 권위는 회중에 기반을 두고 있지 않다. 특히 디모데의 경우를 보면 그가 젊다는 이유 때문에 누군가가 그의 권위에 도전하였고, 이에 대해 바울이 사람을 보내어 대처방안을 제시해 줌으로써 문제를 잠재우고 있기 때문이다. 사실 디모데의 권위를 문제 삼은 사람들은 디모데가 위임한 사람들이 아니라 바울이 위임한 사람들이었다. 그들을 장로-감독, 집사들로 칭하도록 지침이 주어졌는데, 이는 그 지역의 교회 상황을 살펴볼 때 이전에 없었던 일이었다. 일단 이들이 그렇게 칭해지면, 교회를 개척한 '하나님의 사람' 은 방해를 받지 않고 계속 일을 할 수 있다. 이와 같이 디모데와 디도서의 인물들은 그 지역에 거주하는 감독이 없이 다음 세대로 교회 개척 및 생존의 여정을 진행해 나갈 수 있었다.

벨하우젠의 제자들은 "감독제도"를 디모데와 디도서의 수신자들에게서가 아니라, 디모데전서 3장과 디도서 1장에 기록되어 있는 "감독"

bishop에 대한 설명에서 찾곤 한다. 그러나 서신에 기록된 episcopos라는 단수 명사3)를 근거로 이러한 결론을 내리는 것은 문법에 대한 어설픈 이해라 하겠다. 디모데서전서 5장은 "과부"에 대해서도 언급하고 있는데, 이것이 의미하는 것은 각 교회에 한 명의 과부만 있었다는 것을 말하려는 것이 아니다. 왜냐하면, 여기에서 단수의 사용은 대표 단수로서 여러 사람을 총칭하는 것이기 때문이다. 사도행전 20장에서와 같이 디도서 1장에서 '감독'bishop과 '장로'elder는 서로 번갈아가며 사용할 수 있는 단어로써 동일한 뜻을 갖고 있다. 디모데전서에서와 같이 '다스리는'ruling 임무는 장로들과 감독들복수에게 주어졌다. 이처럼 만약 우리가 각 시대에 나타난 목회 유형이 모두 같은 것이었다고 단정하지만 않는다면, 그리고 이전 역사를 억지로 거슬러 올라가서 왜곡된 해석을 내리지만 않는다면, 목회 서신에 있는 그 어떤 것도 신약성서 여러 곳에서 우리가 볼 수 있는 일반적인 복수 리더십 구조를 부정하지 않고 있다는 사실을 알 수 있을 것이다.

직책과 은사Offices and Charismata

우리가 신약성서의 서신에서 마주치는 어휘의 풍부함을 좀 더 잘 이해하기 위한 정상적인 접근방식은 몇 가지 일반적인 범주를 만들어 놓는 것이다. 만약 어떤 사람이 목회에 대한 자기만의 추측을 미리 갖고 있다면, 그 사람이 사용하는 용어는 아주 협소한 모습이 되고 말 것이다. 이 방식이든 저 방식이든, 많은 사람이 '은사'gifts와 '직책'offices 혹은 '목회사역'ministries의 차이를 구분하고 싶어 한다. 그리고 '은사'Gifts를 전혀 예견할 수 없이 툭 튀어나오는 사람들의 활동으로 흔히 이해하고 있는데, 이는 막스 베버가 '카리스마틱'charismatic이란 단어를 세속적으로 표현한 이래로, 아주 불규칙적이며 황홀한 방식으로 이해되고 있다. 이러한 은사들은 축복이지만 일상적이지 않다. 그러기에 한편으로 사람들은 일상이 고정된 기능들로 인해 이루어지고, 잘 정리된 공동체의 필요를 위해서는 카리스마를 필요로 하지 않는다고 생각한다. 사람들 간에 끊임없이 일어나는 대부분의 논쟁들처럼, 은사에 대한 이해도 정확하게 검증되지 않는다면, 똑같은 모습이 될 것임은 너무나 분명하다. 그렇다면, 이 두 범주 사이의 어느 쯤에 선을 그어야 할까? 무엇이 직책이고 무엇이 은사일까?

목회 사역에서 직책과 은사 사이의 차이를 설명하는 통상적인 방식은 안수로 판가름 짓는다. 그러나 이것은 결국 같은 질문을 반복하는 꼴밖에 되지 않는다. 왜냐하면, 신약성서가 안수에 대한 개념을 분명하게 설명하고 있지 않기 때문이다. 신약성서에서 손을 얹는 일, 즉 안수에 대한 언급하고 있는 구절이 몇 곳 있다. 선출한 일곱 사람을 위임할 때, 사도행전 6장 6절 바울을 파송할 때사도행전 13장 3절와 디모데를 파송할 때디모데전서 4장 14절 안수했다. 아마도 이러한 이유 때문에 후에 거룩한 예식을 치를 때 안수를 하는 것 같다. 그러나 이러한 안수는 온 회중에게도 적용되었고,사도행전 8장 17절, 19장 6절 한 사람이 회심하였을 때 개인에게도 적용되었다.사도행전 9장 17절 적어도 바울에게 두 번 안수했다. 이처럼 신약성서에 기록되어 있는 안수를 살펴보면, 어떤 그리스도인들에게는 안수를 하고, 어떤 사람들에게는 하지 않는 모습처럼 '안수' 의 개념이 단순명료하지만은 않다.4) 안수보다 기름을 바르는 것Anointing이 이러한 직책을 나누는데 있어 더 논리적인 방식이다. 그러나 기름을 바르는 것은 폐지되었거나 단지 성직자를 임명할 때에만 사용하는 경향이 있다.

이러한 차이는 절차를 따라 분별함으로써 이해된다. 사람들이 말하는 '직책' office은 회중의 통제를 따라 임명되고 해제된다. 그러나 '은샤' charisma는 개인적이며 평생 소유된다. 장로, 교사, 집사는 회중 안에서 주어지는 직책이다. 이러한 관점에서 보면, 사도와 예언자는 회중 안에서 주어지는 직책은 아니다. 다시 말하지만, 이것은 매우 논리적이다. 왜냐하면, 대부분의 사람들이 사도라는 개념을 생각할 때, 교회의 비준을 얻을 필요가 없었기 때문이다. 그러나 사도들은 여전히 회중에 대해 상호책임을 져야했다. 예를 들어 바울이 안디옥 교회에 대하여 했던 것처럼, 그리고 베드로가 예루살렘 교회에 대하여 했던 것처럼, 순회 예언자가 디다케 Didache: 열두 사도들의 가르침이라고 칭해지는 가장 오래된 기독교 교리집, 엘도론 역간-옮긴이주의 범주까지 다룰 때, 회중들은 그 사역을 책임지는 증인이 되어야 했다. 비록 한 회중이 이러한 직책을 독립적으로 위임해야 하는 상황이라 할지라도, 그것이 그 회중에게 주어진 목회의 당면 이슈를 해결하는 데는 별 도움이 되지 않을 것이다.

여전히 우리는 이러한 임무들을 유형별로 분류할 수 있을 것이다. 감독, 목사, 집사는 교회를 다스리는 임무를 갖지만, 방언과 예언을 하는 사람들은 교회를 다스리는 임무를 갖지 않는다. 그러나 안디옥사도행전 13장 1절에서 '예언자들과 교사들' 은 교회를 다스렸고 바울과 바나바를 파송하는 권위를 가졌었다.

이러한 독특한 구별 방식 하나하나마다(직책을 수행하는 기간에 따라) 온전한 이해를 돕도록 의미 있는 질문을 던져보아야 한다. 그러나 그 어떤 것도 신약 교회나, 우리 교회가 존재하도록 만든 확실한 근거가 될 수는 없다. 특별한 목회적 부르심이 없는 사람들이 한 쪽 부류라면, 또 다른 한 쪽에는 '선별된' set-apart 소수의 목사들이 위치해 있다. 그러나 그 어떤 구분도 이 두 가지 직책을 명확하게 둘로 나누지 못한다.

맨슨T.W. Manson은 고린도전서 12장 27~30절에 대한 주석에서 이러한 차이를 언급하면서 비보편적인 목회를 변호하였다.

> 이 성서 구절은 소위 말하는 사도, 예언자, 교사를 하나님이 임명하시는 것처럼 기록하고 있다. 목록의 나머지 직책들은 사람들에 의해서가 아니라 은사charismata에 의해 취해진다. 사도, 예언 및 가르침의 목회사역은 특별한 사람들에게 영구적으로 주어지는 직책이다. 다른 은사들은 어떤 특정한 시간에 누구에게나 주어질 수 있는 것으로 이해된다.5)

이러한 각주 설명은 단순히 증명해야 할 것이 무엇인지 미리 결정해 놓는 것과 같다. 일치된 논리를 견지하는 아주 간단한 구절과 별도로 떨어져 있지도 않다. 실제로 그것은 병 고침과 방언과 방언해석의 은사가 모든 사람에게 언제든지 임할 수 있다는 바로 그 설명을 부정하는 것이다. 만약 사람과 직책과 은사가 완전히 분리되어 존재 한다는 이러한 근본적인 이분법을 받아들인다면, 그것은 틀림없이 치유나 방언하는 사람으로서 사도들과 예언자들을 보는 전체적인 맥락에서 이 단락을 철저히 무시하는 것이 될 것이다.

이미 논의했던 직책과 은사 혹은 직책과 목회 사이의 차이를 발견하게 된다면, 논의의 주된 관심은 두말하지 않고 하나의 작은 목회 그룹의 독특한 지위를 있는 그대로 인정하는 데 두게 될 것이다. 그러나 이러한 논쟁은 그들의 특정한 상태가 보장되는 가운데 평신도들이 적극적으로 목회에 관여한다는 것을 인정하는 방식 즉, 비목회적 다수에 의해 목회의 성격이 규정되는 모습으로 진행되어야만 한다. 이렇게 하기 위한 한 가지 분명한 방식은 평신도가 목회를 할 때 불안정함 혹은 간결함이 당연히 발생한다는 점을 강조해야 한다. 그리고 이러한 것은 예배를 드림에 있어서 은사를 자유롭게 나눔으로써 이루어지며, 그 사람이 잠시 머물다가 갈 것인지 아니면 오랜 변동 없이 있을 것인지 대조하는 것을 통해서 이루어진다. 이러한 것은 계산할 수 없고, 예견할 수 없고, 질서를 자리매김할 수 없는 것으로써 '카리스마'를 동일시 할 때 증진된다.

임의적이며, 지속적이지 않은 은사주의에 대한 그릇된 생각은 특별히 널리 사용되고 있는 두 개의 현대 용어를 통해 부분적으로 설명이 가능하다. 이 두 가지 용어 모두 신약성서가 제시하는 개념과는 거리가 멀지만, 너무나도 폭넓게 사용됨으로써 매우 큰 영향력을 행사하고 있다.

하나는 종교 사회학자들이 사용하는 용어로 이제는 성서의 원뜻과는 전혀 다른 의미로 세속화되었는데, 소위 정치인들이나 영화배우들이 사용하는 '카리스마'라는 단어가 그것이다. 이러한 현대적 의미로 카리스마라는 말을 처음 사용한 사람은 막스 베버Max Weber로서 뭔가 다른 리더십의 핵심적인 요소를 설명하면서 의미가 바뀌기 시작했다. 막스 베버에 따르면, 종교 지도자, 특히 교회 및 부흥운동의 첫 세대 지도자는 '카리스마'라는 능력, 즉 설명할 수는 없지만 다른 사람들이 자신의 권위를 인정해줄만한 어떤 감정적인 능력을 통해 지위를 얻는다. 제도적 발전이라는 측면에서 하르낙과 트뢸치가 이러한 개념을 더 발전시켰다. 카리스마를 가진 리더는 다음 세대에 그다지 카리스마적이지 않은 리더로 대체될 것이다. 카리스마를 가진 첫 세대의 종교 지도자의 뒤를 이은 지도자는 관료적인 절차를 따라 선택되거나, 훈련 받은 리더, 혹은 교회 및 부흥운동을 시작한 사람에 의해 선택될 것이다.

이러한 그림이 종교 그룹들의 발전 과정을 제대로 설명한 것인지 아닌지는 또 다른 문제이다. 그러나 여기에서 우리가 짚고 넘어가야 할 것은 '카리스마'라는 단어의 의미가 너무나 화려하고 능력 있는 사람이 갖고 있는 자질로 인식되고 포장되어 있다는 점이다. 고린도전서 12장과 로마서 12장에 따르면, 그 어떤 기능, 그 어떤 그리스도인도 카리스마틱하지 않은 것이 없다. 어떤 카리스마는 당장 눈에 띠며, 어떤 카리스마는 그렇지 않다. 어떤 것은 이끄는 모습을, 어떤 것은 치유하는 모습을 띤다. 바울의 관심은 눈에 띠게 드러나는 은사를 보다 덜 중요하게 만들고, 눈에 띠지 않은 은사를 보다 더 중요하게 만드는 것이었다.

카리스마charisma가 갖는 개념 중 비켜갈 수 없는 현대적인 모습 중 하나는 사람들이 갖고 있는 '재능'skill 혹은 '능력'faculty에 따라 '은사' gift가 있다고 보는 것이다. 타고난 것이든, 필요해서 계발된 것이든 능력이 어떤 특별한 기능을 잘 수행하도록 만들기 때문이다. 이러한 능력을 보이는 사람들을 우리는 흔히 '재능 있는'gifted 사람, '소명 있는' vocational 사람이라고 부른다. 이것은 현대식 혹은 세속화된 성서용어이다.

이렇듯 재능이나 적성이 있다는 의미로써 카리스마charisma라는 용어의 사용을 완전히 거부하지 않는다면, '재능'aptitude이라는 뜻도 '은사' gift의 충분한 의미를 전달할 수 없다. 로마에 있는 그리스도인들은 그들이 맡은바 요구에 따라 살아가도록 촉구될 필요가 있었다. 로마 교회에는 형제·자매들을 위해 준비되지 않고, 능력이 구비되지 않은 채 일하는 '능력 있는' 사람들이 있었다. 거기에는 사람들이 첫눈에 알아차릴 수 있는 신비적인 모습, 편리성을 따라 쉽게 드러나 있는 카리스마의 모습이 있었다. 그러나 진정한 카리스마는 아무런 흥미를 끌지 못하더라도 형제·자매들이 반드시 해야 할 임무를 결코 배제하지 않는다. "부여

받은 은혜를 따라서"로마서 12장 3절라는 말은 형제이든 자매이든 그들이 실천하며 살 수 있도록 각 사람이 아주 구체적이고 특별한 임무를 부여 받았다는 의미이다. 그러나 그들이 부여받은 것은 태어나면서부터 부여 받은 것이라든가, 이전에 배우고 실습한 것에 의해서 얻은 것이라든가, 황홀하고 신비한 체험을 한 것이라든가, 회중의 절차에 의한 것만이라 고 여겨져서는 안 된다. 무엇이 되었든지 경로가 어떻든지 얻어진 은사 는 우열이 없고 다른 은사와 똑같은 것으로 여겨야 한다.

'카리스마' 라는 용어를 잘못 사용하는 또 다른 최근의 예가 있다. 1906년 이후, 기존 교단들 안에 존재하는 그룹들이 오순절 계열의 교단 이 표방한 경건주의 및 목회 유형들을 받아들였을 때 사용한 '신-오순 절주의' 라는 이름은 그다지 적당한 이름이 아니었다. 그리고 오순절 전 통과는 아주 다른 이름들예를 들어 순복음, 하나님의 성회 또한 적당한 이름이 될 수 없었다. 이러한 배경 하에 이들을 통칭하는 '은사주의적 운동' charismatic movement이라는 이름이 급속도로 번져나가게 되었다. 그래서 현재 '카리스마틱' Charismatic이라는 단어는 특별한 경험을 하거나 특별 한 충성을 보이는 사람을 의미하게 되었다. 그렇게 이 카리스마타charis- mata라는 용어가 밋밋한 은사들과는 별도로 예언, 방언, 치유와 같은 특 별한 은사들을 의미하는 모습으로 자리하게 되었다. 이러한 은사들을 보여주었던 사람들은 '카리스마틱' 한 사람들이지만, 다른 사람들은 그 렇지 않았다. 그러나 이것은 모든 은사가 카리스마틱하며, 그 어느 것도 훈련된 것이 아니며, 보다 더 황홀한 것이라고 해서 더 탁월한 것은 아 니라는 고린도전서 12~14장의 가르침에 정면으로 반대되는 것이다.

에른스트 케이스만Ernst Kasemann이 밝히고 있듯이 '영적인 은사들' spiritual gifts:pneumaticka(프뉴마티카)란 용어는 황홀한 경험들과 기이한 특

징에 대해 자기 나름대로 신임을 부여하기 위해 사용했던 이방 헬라문
화의 용어이다.6) 바울이 이러한 용어를 받아들이면서, 그는 대략 이 용
어를 그다지 친숙하지 않은 '은혜의 선물들' *charismata*이라는 용어로 바
꾸어 놓았다. 이것은 다음의 세 가지 중요한 모습을 통해 의미가 변화되
었다.

- 바울은 이 용어를 사용하는데 있어서 대부분의 평범한 사람들이
  기여할 수 있는 모든 기능들로 용어의 범위를 넓혀놓았다. 이것은
  세례를 받은 그리스도인이라면 회중 안에서 자신들의 은사를 얼
  마든지 사용할 수 있어야 한다는 의미이다.
- 이러한 성령의 은사들을 사용하는 것은 과오가 없이 일을 잘하는
  데 초점이 있는 것이 아니라, 질서를 따라 사람들을 세우는 목적에
  초점이 있음을 강조하면서,고린도전서 12장 2,3절 바울은 어떤 사람이
  갖고 있는 자신만의 황홀경 체험을 특별한 것이라고 주장함으로
  써 '영적인 은사들' 을 특별하게 여기지 못하도록 하였다.
- 어휘를 바꾸어 사용함으로써, 바울은 이러한 은사들이 특별한 능
  력을 가진 사람들의 특권이라 이해할 것이 아니라, 하나님의 은혜
  *charis*를 전적으로 의존하는 모습이어야 한다고 강조했다.

스스로를 '영적' 이며 꽤나 '은사적' charismatic이라고 여겼던 고린도
교회의 리더들은 이러한 말을 듣고 큰 충격을 받았을 것이다. 더 나아가
고린도교회의 리더들은 바울의 편지가 갖고 있는 이러한 측면에 의해
공격을 당했다고 여겼을 것이다. 그러기에 바울이 몇 사람만이 갖고 있
는 특별한 재능을 지나치게 귀하게 여기지 말라며 처음 사용한 이 용어

가 현대에 와서 특별한 모습으로 다시 되돌려져 사용되는 것은 정말 얄궂은 일이 아닐 수 없다.

케이스만의 논점은 상 파울로에 있는 로마 가톨릭 신학자인 프란시스코 레파르기누어Francisco Lepargneur에 의해 다시금 추인되었다:

> …사도 바울에 따르면 초자연적인 모습이 카리스마틱한 것을 구별하는 기준이 아니다. … 오히려 바울은 구제, 리더십 실천, 가르침로마서 12장 6~8절, 결혼이나 독신고린도전서 7장 7절과 같은 일반적인 것을 은사라는 용어 아래 요약해 놓았다. 뿐만 아니라, 레파르기누어에 따르면, 비상한 일, 초자연적인 일을 신적인 은사와 동일시하는 것은 이방 종교의 특징에 더 가깝다. … 7)

서로 다른 이러한 언어 사용의 두 갈래는 현재 영어 의미에 그대로 반영되어 있다. 널리 사용되고 있는 이러한 어투와 발전과정을 우리가 정지시킬 수는 없을 것이다. 그러나 우리가 삼위일체의 교리에 나타나는 '인격'person이라는 의미가 무엇을 말하는지 알고 싶어 하는 것처럼, 적어도 새로운 용어의 정의가 고대 문서들이 의미하는 것과 같은지 아닌지는 물어볼 수 있어야 한다. 이렇게 뒤틀려진 의미를 바로잡는 것은 카리스마와 직무가 두 개의 서로 다른 기준을 갖고 있다는 가정을 일축시키는 일일 것이다. 즉 하나는 자발적으로 일어나는 것이며 또 다른 하나는 정해진 것이라는 가정, 하나는 굉장히 생동감이 있는 것이며 또 다른 하나는 신뢰할 만한 것이라는 가정을 일축시키는 일일 것이다.

맥켄지가 우리를 깨우쳐주고 있는 것처럼, "분명한 것은 신약성서에 나타난 교회는 특별한 직무를 갖고 있지 않았으며 … 은사주의적이지도

않았다. … 교회 내에 속한 멤버라는 최소한의 수준에서 은사가 사용되
도록 했을 뿐이다.' 8)

'은사' 와 전혀 관계가 없는 '직무' 라는 단어를 정의하기 위한 유일한
방법은 주어진 일을 아주 객관적이고, 공식적이고, 비인격적인 모습으
로 만들어서 하나님께서 준비시키지 않은 어떤 사람이라 할지라도 그
일을 충분히 수행할 수 있고 또 수행하도록 하는 일이다.

우리가 여기에서 인정해야만 하는 기준들 중 반드시 지적하고 넘어
가야할 한 가지 의미 있는 일이 있다면, 그것은 사람마다 자신이 사전에
갖고 있는 어떤 추측을 버리고 사도들이 쓴 글들을 기초로 삼아야 한다
는 것이다. 고린도전서 12장은 예언자와 방언하는 자를 모든 사람이 감
당할 수 있는 것이 아닌 특별한 목회의 영역으로 소개하고 있다.12:10,
29f 그러나 14장 5절에서 방언과 예언은 모든 사람들이 기대할 만한 것
으로 묘사하고 있다. 우리는 14장 5절이 문자적인 표현인지 아니면 과
장법의 표현인지 고민하거나 결정할 필요가 없다. 어떤 경우가 되었든
지, 그것이 말하고자 하는 바는 다른 모든 사람이 은사를 갖고 있는 것
처럼 12장에 기록되어 있는 예언과 방언 말하는 것이 특별한 사람들의
특별한 은사라는 일반적인 설명들을 부정하지 않는 가운데, 고린도교회
의 문제가 언어적 범주를 넘어선 보다 더 본질적인 내용임을 지적하고
있기 때문이다. 12장 31절과 13장은 최고의 은사로 아가페agape 사랑을
제시하고 있다.

1) 목회 서신서들은 모든 그리스도인은 성령과 그의 은사들을 받아야 한다는 바울의 이상 아래 '직책(office)'의 신학을 매우 강조하고 있다. Hans Jung, *The Charismatic Structure of the Church*, p. 48.

2) 이러한 견해는 해리 E. 포스딕에 의해 폭넓게 전파되었다. Harry E. Fosdick, *A Guede to Understanding the Bible*, (New York, 1938).

3) Cf. John Knox, *The early Church and the Coming Great Church*, (Nashville: Abingdon, 1955), p. 120. 이 단수 명사(빌립보서 1;1, 클레멘트 1서 42;4)의 사용이 "군주적 감독"을 의미하는 것은 아니다.

4) Marjorie Warkentein, *Ordination; A Biblical-Historical View*, (Grand Rapids: eerdmans, 1982)

5) *Ministry and Priesthood, Christ's and Ours.* (London, Epworth: 1958), p. 69. 맥켄지(McKenzie)가 그의 책 *Authority in the Church*에서 보여주고 있듯이 하르낙(Harnack)과 같은 자유주의 개신교도들과 전통적인 가톨릭교도들은 은사와 직책을 개념적으로 분리시켜 놓음으로써 이러한 사도적 비전과 실행의 명확성, 동일성, 타당성을 거부한다.

6) *Amt und Gemeinde im Neuen Testament in Exegetische Versuche und Besinnungen I*, (Gottingen: 1960), p. 109ff.

7) 왈더 홀렌베거(Walther Hollenweger)가 인용한 출간되지 않은 연구 논문, 'Evangelism and Brazilian Pentecostals' Ecumenical Review, 20 (April, 1968), p. 167.에서. Hartmut Lowe, *Christus und die Christen*, (heidelberg University Theology dissertation, 1965)를 보라.

8) McKenzie, *Authority in the Church*, p. 62. 맥켄지는 아돌프 폰 하르낙(Adolf von Harnack)이 '카리스마적'인 직무와 '권위주의적' 직무의 사이의 차이를 이분법적으로 나누어 놓았다고 주장한다.

4. 관점 새롭게 하기

일단 기독교국가주의Christendom가 보편적인 목회의 새로움을 포기하고, 성직자적 군주제를 지지하자, 이러한 변화는 자연스럽게 예언자적 비평이라는 목소리로 인식되었다. '평신도'에 대한 권리박탈을 문제 삼는 노력들이 다소간 성공을 거두었지만 이러한 것들을 우리가 일일이 목록으로 정리할 수도 정리할 필요도 없을 것이다.

중세시대 이래로 의견을 달리하거나 개혁을 추구했던 대부분의 노력은 목회를 제한해서는 안 된다고 하는 비평들과 관련되어 있다. 소위 황홀경에 빠져 예언하고 찬양하는 등 "열광주의자"로 일컬어졌던 몬타니스트Montanists로부터 알비겐스Albigenses 및 캐미사르드Camisards는 성령의 즉각적인 사역에 따라 모든 사람이 목회에 폭넓게 참여할 수 있다고 주장하였다. 대부분의 수도원 운동이나, 베그하르드Beghards와 같은 범수도원적 그룹들은 지역의 사제들이 아닌 일반 사람들이 예배를 인도할 수 있도록 지침서를 마련하였다. 이들은 안수를 받은 사람들뿐만 아니라 안수 받지 않는 수많은 참여자가 사용할 수 있는 잘 정리된 지침서들을 갖고 있다. 베그하르드와 왈데시안Waldenses들은 통상적인 계급질서를 벗어난 공동체를 시작하였다. 루터의 종교개혁은 모든 신자가 제사장임을 지지하였다. 그러나 이러한 모든 노력에도 불구하고, 목회를 하지 않는 '평신도'라는 개념은 직접적으로 공격을 받지도 않았고, 따라서 목회의 보편성은 그다지 폭넓은 지지를 받지 못했다. 끊임없이 반복되는 논쟁들을 간략하게 요약하기 위해 역사적인 연구조사를 시도하는 것보다, 사도들이 주장했던 각각의 논쟁에 대한 다양한 논리 유형이 어떠한지 검토해 보는 것이 최선이다.

A. 비록 근본적인 것은 아니지만, 중세 시대 이래로 지역 사제들이 예배 공동체를 섬기거나 사회로부터 물러나 수도원으로 들어가는 대신에, 성직자들이 "세상으로 나가게 된" 것은 하나의 시대적 변화요 흐름이었다. 이러한 것은 예수회, 도미니칸들이 질서를 가르치는 것과 함께 시작되었다. 현재도 이런식으로 일하는 사제들과 교구를 맡지 않는 특별한 성직자들이 존재한다. 만약 '교회'와 '세상'이 두 개의 다른 지역으로 존재한다는 것과, 한쪽에 성직자들이 있고 다른 쪽에 평신도가 다른 영역으로 존재한다는 것이 문제라면 이러한 변화야말로 정말로 중요한 일일 것이다. 그러나 보다 더 진지하게 생각해 보아야 할 것은, 같은 일을 하더라도 '세속적인' 일을 하는 '평신도'와 성직자를 구분하기 위해 성직 안수라는 고귀한 '성례전적' 관점을 그 무엇보다 소중한 것으로 붙들고 있어야만 한다는 시각이다. 이러한 추론은 실제로 평신도의 가치를 상당히 평가절하 시키는데, 왜냐하면, '세속' 사회에서 하는 일일

지라도 성직자에 의해 수행되면 훨씬 더 낫다고 여기기 때문이다.

B. 근본적인 것은 아니지만, 교회에 속한 사람이 교회의 일을 위해 평신도를 사용하는 것 또한 또 다른 변화였다. 주교들이 변화를 거부하자, 종교 개혁가들은 정치인들을 종교개혁의 수단으로 사용하였다. 루터는 독일에서 군주들을, 츠빙글리는 스위스에서 시 정부를 종교개혁의 도구로 사용하였다. 그들은 권력을 갖고 있는 이러한 평신도들을 평범한 교인으로 보기 보다는 아주 독특한 방식으로 일하는 '하나님의 종들'이라고 생각했다. 만인제사장설로 알려진 종교개혁의 외침과 모든 사람이 성서를 읽을 권리가 있다는 생각은 다른 비전을 바라보게 만든 소중한 토대가 되었다. 그러나 종교개혁의 실천은 교회를 정치인과 대학의 통제 아래에 그냥 내버려 두었다.

이렇게 평신도를 '이용'하는 현대교회의 모습은 아마도 교회를 잘 운영하려면 교회의 '멤버'들을 효율적으로 '끌어들여' 봉사하도록 하는 능력 있는 현대 교회 목사들에 의해 정착되었다. 이러한 봉사의 모습은 안내 위원, 유년주일학교 교사, 부서 멤버, 봉사위원, 은사개발 위원 등으로 자리한다. 평신도들은 그 정도로 평범하면 되는 것이다. 특별히 영적인 은사에 대한 생각 없이 그렇게 기능하게 함으로써 자신들도 필요 있는 존재임을 각인시켜 주는 것이다. 그 정도로 봉사에 대한 인식을 갖게 함으로써 고마워하는 마음을 갖게 하면 되는 것이다. 그들만이 할 수 있는 일을 정해주어서 정작 중요한 일에는 기여하지 못할 뿐 아니라, 오랫동안 기여할 수조차 없는 모습으로 만들었다. 그러므로 평신도 직은 '교회' 혹은 '예배'라 불리는 소통에 관한 중요한 경험에 책임감 있게 관여하지 못하도록 보다 효과적으로 자리매김 되었다.

C. '세상으로 나가는' 성직자들에 대한 개신교의 대응은 '세속 직업'에 대한 가치를 바꾸어 놓았다. 공적을 쌓는 것에서 비롯된 수도원주의와 자기 의를 반대하는 것이었다. 아주 올바르게도 루터는 일반적인 직업을 통해 모든 그리스도인들은 하나님과 사람들을 섬길 수 있다고 봄으로써 창조적인 노동과 사회적 리더십의 소중함을 회복시키고자 했다. 예수님을 따르는 제자도를 고집스럽게 강조했던 아나뱁티스트들과는 달리, 루터는 제후, 군인, 은행가들을 창조적 질서를 따라 하나님이 위임하신 하나님의 특별한 종이라고 보았다. '경건주의' pietism나 '영성주의' spiritualism와는 달리, 현재 사회 사조는 이웃의 필요를 채워주는 섬김의 방법이자 그리스도의 주되심을 선포하는 수단으로써 사람들의 일상적인 활동이 복음과 부합되어야 함을 주장하였다. 사회 속에서 그리스도인의 생계 수단인 직업을 묘사하기 위해 사용되는 용어이자 일반 사회에서 널리 사용되는 '직업' vocation 혹은 '부르심' calling이란 개념은 주로 섬김이나 주되심을 드러내는데 강조점을 두고 있다.

여기에서 '직업' 이라는 단어의 의미를 집중적으로 논할 생각은 없다. 의사, 변호사, 상인, 푸주한, 제빵업자, 제조업자 등의 '부르심' 을 '사역' 이라는 관점에서 살펴보고자 한다면, 교회론 보다는 윤리학이라는 맥락에서 논의하는 것이 더 바람직할 것이다. 비록 루터의 설득력 있는 표현이 하녀 혹은 마부와 같은 '부르심' 의 중요성을 보다 더 고귀하게 여기도록 만들었지만, 이러한 개념의 실제적인 모습은 보다 나은 직업을 향하도록 만들었고, 가난하지 않은 직업이 더 우수한 직업이라 여기도록 만들었다. 의미 있는 직업들은 차별화된 직업들이었다. 그러므로 가난한 사람, 약한 사람, 일이 없는 사람, 기술이 없는 사람들은 '부르심'을 받지 못한 사람, 즉 부르심에 걸맞은 자질이 없는 사람들이 되었다. 수도원주의에 대해 혹평했던 종교 개혁가들의 맥락에서 부르심이라는 용어의 사용이 보여주는 것처럼, 그들이 이렇게 주장하는 데에는 나름대로 타당한 근거가 있다. 그리스도인의 순종은 그들이 속한 사회 내에서 항상 다른 것들보다 더 생산적인 노동을 의미하였고, 반드시 그래야만 했다. 그러면 이러한 것을 '목회'라고 불러준다면 도움이 될까?

'지위'나 '직업'이 자동적으로 도덕적 가치를 자리매김하는 세상 속에서 그리스도의 입지를 나누고자 할 때 이러한 사고방식은 문제가 된다. 현재 우리가 다루고 있는 내용의 목적을 위해, 지위나 직업이라는 주제는 신약성서가 말하고 있는 은사와 목회와 상당히 다르다고 언급하는 것으로 충분하다. 우리가 살펴보고 있는 사도와 예언자, 교사와 장로, 집사와 치료자와 같은 모든 '은사들'의 기능은 회중이 함께 모인 삶 속에서 분별되고 실행되어야 한다. "모든 사람에게 은사가 있다"고 한 바울의 말이 바로 이러한 것을 의미한다. 신약성서가 충분히 밝히고 있듯이 은사를 소유한 그 사람이 동시에 사회적으로 남편과 아내, 그리스인 혹은 이방인, 주인 혹은 하인, 자녀 혹은 부모, 구매인 혹은 판매인, 시민 혹은 통치자로서 동시에 기능하는 것이다. 그러나 분명히 해야 할 것은 같은 사람들을 설명하면서 동일한 단어들을 사용하지 않았음과 동일한 맥락에서 이야기 한 것이 아니라는 점이다. 그러므로 어떤 사람의 '은사' 혹은 '사역'에 그 사람의 사회 · 경제적 의미를 억지로 끼어 넣어 말하는 것은 용어의 혼동을 초래한다.

이러한 동일한 혼동은 세상으로 나아가고자 하는 그리스도인들이 행해야 할 '복음주의'를 재정의하려는 현시대의 노력들과 혼합된 것 같다.1) 여기에서 또 다시 나타나는 가정은 그리스도인들은 늘 교회 안에 있을 때만 기능한다는 것으로 이는 개신교 사회역사에 나타나는 사실들을 이해하는 가장 독특한 방식이다. 그러나 여기에서 우리가 말하고자 하는 점은 '복음' 혹은 '사역'이라 불리는 가치 있는 일을 있지도 않은 '안'과 '밖'이라는 양극단으로 나누어 놓고 관심을 집중하게 함으로써, '저기 저곳'에서 그리스도인들이 해야만 하는 일들이 무엇인지 질문하지 못하게 할 방편이 있음을 깨달아야 한다는 것이다. 이러한 모든 일은 담당했던 지역 교구를 떠나는 젊은 성직자가 '세속적인' 직업의 윤리적 존엄성에 대해 논쟁할 때 종종 발생한다. 그렇지만, 그가 왜 독특한 교교육을 받았으며 그러한 성직자 지위를 갖게 되었는지에 대한 근본적인 설명은 주어지지 않는다.2) 성직자가 목회 혹은 '사역'이라 부르는 일이 아니라, 보다 관리 가능한 회중 팀 밖의 봉급을 받는 비성직적 직업으로 옮겨갈 때, 팀 안에서 자발적으로 자급자족하는 복수리더라는 바울의 목회에 대한 가치는 더 떨어지게 된다.

'신자들의 교회'가 추구하는 대안들

16세기 스위스 형제단Swiss Brethren, 후터라이트 형제단Hutterite Brethren, 메노나이트Mennonites들은 철저한 회중중심의 교회를 이루었던 아나뱁티스트들로서 어떻게 사역의 유형들을 새롭게 할 것인가에 대한 특별한 지침이나 설명을 요구하지 않았다. 왜냐하면, 그들이 발전시켜온 사역의 유형들은 그 어떤 독창성이나 성서가 보증하는 것과 관련된 문제가 아니었기 때문이다. 그들은 위에서 개략적으로 살펴보았던 바울의 비전을 조금도 추구하려들지 않았다.

그럼에도 불구하고, 여기서 아나뱁티스트들이 발달시켜온 목회유형의 여러 차원들을 살펴보는 것은 가치 있는 일이 될 것이다: 1) 그들은 당시 법적인 형태에 반대하면서 취리히나 스트라스부르그의 의회라든 가 군주에 의해 결정되는 목회 리더십을 철저히 거부하였다. 2) 목회 리더십이 공식적인 신학 교육을 받아야 한다는 전제를 거부하였다. 3) 국가의 후원이나 기부금헌금을 통해 목회리더십을 재정적으로 지원해야한다는 것을 거부하였다. 4) 신실한 사람들이 갖고 있는 은사를 따라 목회 리더십을 세워야 한다고 주장하였다.3) 5) 그들의 첫 목회 유형은 순회하는 모습의 목회였다. 이는 츠빙글리가 비난했던 목회 유형으로써, 순회 목회자는 지역에서 인정받기에 부족하다는 이유 때문이었다. '아나뱁티스트운동' Anabaptism이 처벌과 박해의 대상이었기 때문에 이 순회 목회자는 부분적으로만 지역적 리더십을 감당하며 세례식을 인도했다. 6) 1527년 2월 슐라이타임에서 있었던 "형제들의 연합"Brorherly Union 초기에, 스위스 형제단은 회중을 섬길 지역 "목자"shepherd: 목사(pastor)는 당시 채 전문용어로 자리하지 못했다를 세웠다. 지역 목자는 회중 안에서 선택되었으며, 재정적인 지원이 필요할 때는 자발적인 선물을 통해 후원했다.4) 7) 스위스 형제단은 모든 사람들이 말할 권리를 중요하게 여겼다.고린도 전서 14장 29절, 5) 8) 한 세대 후에 그들의 리더십 유형은 순회 목회자와 더불어 시행한 지역 목회라 이름 아래 세 종류의 모습으로 정착되었다. 회중 중재자 혹은 장로, '말씀의 종' 교사, 그리고 가난한 사람들의 종현대적 '집사' 이었다. 그러나 그들은 이러한 유형을 설명하기 위해 성서적 근거를 끌어들이지는 않았다. 수 백 년 동안 박해와 소외의 기간을 보내면서, 회중의 상호책임이라는 독창적인 원칙과 비회중적 재정 후원 거부라는 원칙은 변함없이 유지되거나 더 강화되었다.

종교개혁의 교회들 중 '신자들의 교회' believers' churches와 부분적으로나마 같은 선상에 놓고 볼만한 운동은 경건주의이다. 경건주의 운동은 독일 개신교 운동에 폭넓게 자리하였고, 앵글로 색슨 세계에서는 퀘이커와 그 이후 감리교운동을 이끌었다. 경건주의 운동에서는 안수를 받지 않은 사람들이 성서공부, 기도, 영적인 성장을 위해 소그룹을 인도하며, (고아원, 성서보급, 선교 등을 감당하는) 파라처치para-church 기관의 선교 및 봉사를 위해 직원으로 혹은 자원봉사자로 활동하는 등 중요한 역할을 하고 있다. 여성들과 교육을 받지 않은 사람들도 얼마든지 사역에 동참하였다. 그러나 그들이 갖고 있던 사역의 의도는 안수 받은 사람들의 역할과 비교하거나 도전하기 위함이 아니었다. 그들은 기존의 정책이나 방향을 바꾸어나가야 하는 주체로서가 아니라 단순히 부흥에 동참하는 존재로 이해했다.

17세기 퀘이커운동과 19세기 플리머스 형제단은 선교의 독창성과 진실성을 기치로 성직자가 아닌 사람들이 교회의 삶을 이끌어가는 리더십 유형을 형성했다. 그들은 자신의 정체성을 올바로 유지하려면 성직자 중심의 리더십이 꼭 필요하다고 여기는 사람들에게 새로운 방향을 제시해 주었다.

이 그룹들이 갖고 있는 신학의 특성이 어떤지 일일이 평가하는 것은 이 책에서 우리가 다루고자 하는 관심사가 아니다. 이곳은 퀘이커의 예배를 평가하는 곳도 아니고, 형제단의 종말론을 평가하는 곳도 아니다. 다만 그들에게 공식적으로 인정되는 목회 리더십이 없다는 것을 강조함으로써 그들이 갖고 있는 특별한 이해들이 무엇인지 알 필요가 있을 뿐, 더는 그들의 목회 유형에 무게를 둘 필요도 없다. 그러나 '폐허가 된 교회'라는 형제단의 이해, 그들의 총회에는 목회자들이 하나도 없다는 주장, 그리고 가능한 모든 외부적인 형태를 경시하는 퀘이커의 모습은 자못 도전적이다. 실제로 퀘이커와 플리머스 형제단이 직업적 종교전문가라는 계급을 발전시키지 않은 가장 성공적이며 가장 오래된 그룹이라는 것은 여전히 사실이다.6) 형제단의 유형은 특별히 중국 내륙에서뿐만 아니라 라틴 유럽과 라틴 아메리카의 지역교회 성장에 있어서 상당히 성공적이었다. '성령의 은사'에 대한 오순절교파의 이해가 대개 전체 사도적 목회 범위를 아우르지 못할 뿐 아니라 단독목회 리더십 유형에도 이렇다 할 도전을 주지 못함에도 불구하고, 지역 교회를 중심으로 사역을 한다는 측면이 비슷한 오순절교파의 효과는 형제단의 유형과 비슷하거나 능가하는 모습을 보여주었다.

'세속적' 기독교

영적 개혁을 이루고자 진지하게 시도한 신학적 노력은 지난 반세기 동안 '종교'를 폐기해야한다는 기류를 형성하였다.7)

- 이는 칼 바르트가 '종교'란 자신의 힘으로 하나님께 도달하려는 노력, 혹은 자신의 목적을 성취하기 위해 하나님을 사용하는 것이라고 비평한 것처럼, 종교는 참된 믿음을 대신하거나 이를 대치할만한 교만한 모습으로 드러날 수 있음을 의미한다.
- 이는 본 훼퍼의 말처럼 '종교'가 사람들의 약점에 특별한 관심을 집중함으로써 사람들을 이끌어가며, 하나님의 목적을 사람들이 성취하기에는 의존할 가치가 없거나 미숙하다고 사람들을 압박함으로써 항상 사람들의 필요와 감정들을 사로잡는 매우 의심스러운 모습을 하고 있음을 뜻한다.
- 이는 로빈슨J.A.T. Robinson의 말처럼, 시대에 뒤떨어진 시각으로 우주를 바라보는 것에 대해 기독교가 보여준 비굴함을 의미할 수 있

고, 다른 종류의 진리와 어울리지 못하고, 대부분의 사람들의 그들의 길을 더 이상 발견할 수 없는 실존의 특별한 모퉁이에서 영적인 진리들을 추구하는 기독교의 비굴함을 의미할 수 있다.

– 헨드릭 크래머Hendrik Kraemer의 '성서적 사실주의'가 고발한 것처럼, 종교는 유일한 참 하나님의 독보적인 주권 아래 무릎을 꿇기보다는 인간의 목적을 위해 조작된 신성을 추구했던 메소포타미아 사람들이나 가나안 사람들과 같은 이방인들의 믿음에 대해 이야기하는 것을 의미하기도 한다.

– 종교는 '새로운 세속적 복음주의'가 시사하는 것처럼, 하나님이 이 세상에서 하시는 일이 무엇이든 간에 그 일을 발견하고 그 일에 참여하는 것을 옆으로 밀어놓고, 교회의 영적인 모습이나 영혼의 내면적인 삶에 대해 관심을 갖는 모습일 수 있다.

비슷한 언어를 사용하는 가운데 이러한 '종교' 비평들은 상당히 다른 것들을 다루고 있다. 그들이 하는 비평들 중 어떤 것들, 혹은 그들의 비평 하나하나는 모두 맞는 말처럼 보이거나, 아니면 반쪽만 맞는 말이다. 그러나 이들 비평을 살펴보는 것 또한 우리가 여기에서 다루고자 하는 주제는 아니다. 우리를 놀라게 하는 것은, 의도적으로 '세속성'을 추구하는 가장 '급진적'인 그룹들을 포함하여, 모두가 여전히 대부분의 기초적이면서 사회적으로 전통적인 의미의 '종교'를 유지하기 원한다는 사실이다. 다시 말하자면, 규정할 수 있는 사회적 기능으로써, 봉사의 일을 수행하도록 훈련받은 몇 사람의 리더십 아래서, 그들이 기여하는 헌신을 사회적으로 인정하고 후원하며, 적절한 교육과 재정 기관에 의해 후원을 받도록 하는 가운데, 그리고 사회적 안녕을 위해 자신들만이 기여할 수 있는 독특한 헌신을 사회적으로 정당하게 인정해 주는 모습으로 종교를 유지하고 싶어 한다는 점이다. 그렇지만, '급진적'인 입장에서 볼 때, 이러한 모든 것은 여전히 기독교국가체제라는 사회제도 안에 존재하는 변형물일 뿐이다. 이들 중 그 어떤 것도 목회와 사역의 보편성에 대한 신약성서의 가르침으로부터 온 신학적입장이 아니다.

에큐메니컬 운동 개관

비교적 최근 특히 1950년 이후 시작된 에큐메니칼세계교회연합운동에 관한 연구 과정은 목회의 유형에 대해 새로운 관점을 제시해 주었다. 도시화되는 서구 사회에서 전통적인 교구 중심의 목회유형이 붕괴는 현상과 아시아, 아프리카, 라틴 아메리카 등 현지 교회들을 위해 세워진 리더십 센터에 보낼 검증된 사람들이 턱없이 부족한 현상이 동시에 나타났다. 목회의 형성에 대한 이 연구는 각 사람이 갖고 있는 생각의 습관들을 살펴보도록 의문을 던지고 있다.

에큐메니칼 연구를 수행하는 동안, 여기저기 중도에서 서로 다른 흐름이 발견되었는데, 이는 어떤 특정한 습관이 사방에서 도전받고 있는데 왜 그래야 하는지가 항상 분명하지 않다는 사실이었다. 즉 어떤 교회의 새로운 아이디어가 다른 교회에는 이미 오래된 유산으로 자리하고 있었다는 사실이 드러났다. 이와 같이 에큐메니컬 교류는 보다 본질적인 쟁점들을 명확하게 규정하기 보다는 '새 것'과 '옛 것'이라는 구도 사이에서 종종 혼동을 불러일으키게 되었다. 우리가 아는 바와 같이, 전통적인 목회의 개념들은 대개 다음과 같은 특징을 갖는다.

(a) 안수라는 관례

ⓑ 정해진 수준의 신학 교육

ⓒ 전임 사역이 가능할 만한 재정적 후원

ⓓ 주어진 교구 혹은 회중에 대한 애착

에큐메니칼 연구 및 논쟁은 이러한 내용을 끊임없이 유지하는 동시에 변화를 추구하고 있다. ⓓ항목의 변화를 위해, 사제들은 한 교구를 담당하기보다는 팀을 이루어 좀 더 넓은 지역을 담당하게 할 수 있을 것이다. 혹은 ⓒ항목을 다양하게 하기 위해, 목사들은 아주 독특한 형태의 '텐트 메이커' tent-maker가 되어 활동할 수 있다. 즉 소득을 창출할 수 있는 직업을 유지하면서 회중을 섬길 수 있는 현지 사람을 부르거나, 재정적으로 스스로 후원하면서 소명의 가치들을 사회적 맥락으로 가져올 수 있는 특별한 사람을 부르는 것이다. 이렇게 하는 것은 한편으로 흩어져 있는 교회의 재정적 한계를 조정하면서, 또 다른 한편으로 부가적인 인력을 특별하게 사용할 수 있을 것이다.

제안된 변화들 중 어떤 것들은 이를 깊이 생각하는 교회들에게 아주 기발하고 신뢰할 만한 것이 되었다. 그러나 분명히 도전적인 가정, 즉 '목회 사역'이 아주 독특하고 소수인 기독교인들의 범주로서 '그렇게' 남아 있고, 자신들이 물려받은 그 어떤 것을 지키도록 여지를 남겨 주리라는 가정은 이러한 과정 그 어디에도 들어설 자리가 없다.

최근 에큐메니칼 운동은 평신도의 중요성을 새롭게 강조고 있다. 헨드릭 크래머의 『평신도 신학』Theology of the Laity, 1958과 세계교회 협의회World Council of Churches의 정기 간행물 「평신도」Laity는 이러한 특징을 가장 잘 드러내고 있는 대표적인 예이다.[8] 이러한 상호 고백적인 특성은 아주 신선한 대화들을 가능하게 해줌과 동시에 출발점에 있어서 입장의 다양성이란 애매한 모습으로 드러나기도 했다. 신체와 관련한 용어를 차용하게 되면서 목회의 언어는 대담해졌다. 즉 세례식을 '안수' 로 언급하기 시작했고, 모든 평신도를 예언자요, 왕이요, 제사장으로 언급했다. 그러나 여전히 평신도들이 목회사역을 감당하는 사람이 된다는 의미는 종교개혁의 비전을 뛰어 넘지 못했다. 즉 한 사람이 소득을 창출하는 직업을 갖고 이 세상에서 그리스도께 소득을 드리는 이전의 섬기는 모습을 넘어서지 못했다.

이러한 관점으로부터, 전통적이며, 전문적인 목회에 관한 두 가지 가능한 태도를 발견할 수 있다. 사람들은 강력한 언어들이 이끄는 이러한 태도를 거부하였을 것인데, 왜냐하면 그 모든 특질들이 전체로서 교회에 주어졌기 때문이다. 그러나 많은 기독교 전통에 속한 사람들에게 이러한 극단적인 의지들은 단순히 받아들일 수 없는 것일 뿐만 아니라, 이러한 목회가 정말로 무엇을 의미하는지 그 준거틀을 이해하기조차 어려운 일이었다. 그러므로 이 점에 있어서 분명하게 규정된 회중의 리더십과 역할이 무엇인지에 대해 좀 더 분명한 성서적 권위가 부여되어야 하며, '따로 구별된 목회사역' 이 무엇인지, 그리고 섬김의 역할이 무엇인지 좀 더 협소한 의미로 명확히 정의해야 한다. 어쨌든 평신도/성직자의 양극화는 극복되지 못했다. 단지 강조점만 변했을 뿐이었다.

평신도에 관한 폭넓은 이해와 급증하는 저술들의 흐름을 살펴볼 때, 평신도와 성직자라고 부르는 두 범주 사이의 무게와 분류 표시들을 제대로 바꾸도록 제시한 모습은 그 어느 곳에서도 찾아볼 수 없다. 단지 새로운 선택사항으로 제시할 수 있는 대책으로써 보다 성서적인 권위에 충실하며 현시대 사람들이 좀 더 쉽게 받아들일만한 세 번째 방안이 제시되었을 뿐이다. 평신도를 통해 전체적으로 폭넓게 확산한 목회사역이라는 개념과 그 생각에 당황하는 대신에, 특정한 목회를 폐지하도록 모든 구성원에게 분명한 일을 맡기는 특정한 목회를 고안하지 말라는 법은 없지 않은가? 이 선택권을 전혀 인식하지 못했고 그럴듯한 이유로 폐기했다. 왜냐하면, 이러한 것은 회중의 리더십을 인정하는 성서 본문들이 분명함에도, 전혀 사람들이 관심을 갖지 않았기 때문이다.

이러한 연구들이 광범위하게 일어나고 있다는 대표적인 예로, 한스-루디 베버Hans-Ruedi Weber가 쓴 「제사장적 백성들의 목회자」*Ministers of the Priestly People,* **9)**라는 논문을 들 수 있다. 베버는 목회직과 사례를 반드시 연결시켜 생각할 필요가 없다는 등 전통적인 가정假定들을 무너뜨리는 경향성에 대해 수많은 관찰 결과를 보고하였다. 만약 아무런 질문도 없고, 언급도 없고, 검증도 되지 않은 가정에 의해 전통적인 가정들이 그대로 받아들여진다면, 가장 먼저 '특별히 구분된' 목회 및 '안정된' 목회가 목회를 하지 않는 평신도와 반대되는 것으로 정의된다고 밝혔다. 아마도 안수라는 어휘를 사용함으로써 문제를 피해가도록 선택하게 함으로써, '특별히 구분된' 목회 및 '안정된' 목회에 중요한 꼬리표를 붙이는 바로 그 기발함의심스런 번역능력이 증명되지 않은 그 무엇을 아주 당연한 것으로 여기게 만들 수 있다는 사실을 우리에게 경고하는 것이다. 이와같이 모든 사람들이 목회자라고 명백히 말하고 있는 성서 분문들은 소수의 몇 사람만이 하는 목회를 설명하는 것으로 끊임없이 해석되고 있다.

이와 유사하게, "주는 하나이요 사역은 여러 가지"*The One Lord and the Manifold Ministry*라는 보고서이는 Montreal Faith and Order의 일부이다, **10)** 도 "우리 각 사람에게 그리스도의 관대함을 따라서 은사를 나누어 주셨다"라는 에베소서 4장 7절을 인용하면서 다음과 같은 정반대의 결론을 내리고 있다. 즉 "보다 놀라운 설명인 특수 목회의 중요성과… 일반적으로 회원들에게 주어진 목회가 모두 중요하다는 점을 하나의 틀로 묶어서 다루지 못하고 있다." 그러므로 "특별한 목회"에 반대되는 것으로써 "일반적으로 회원들에게 주어진 목회"라는 건강한 개념은 단지 성서에 기록되어 있는 것일 뿐 부정 되었다. 그러니까 저자들에게 그렇게 자명한 사실이 두 갈래로 나누어진 사역의 의미가 되어 정반대의 모습으로 성서를 읽도록 만들었다는 것이다. (시몬드W. Symonds는 후에 「평신도」 Laity라는 잡지의 같은 호에 이 부분을 정확하게 지적하였다.)

마찬가지로 현시대의 문학 속에서 맨슨T.W. Manson은 논점을 회피한 전형적이면서 탁월한 글, 『목회와 제사장직, 그리스도의 목회와 우리의 목회』Ministry and Priesthood, Christ's and Ours. 11)에서 이 부분을 다음과 같이 잘 설명해 놓았다. "교회에서 하나님께서 임명하신 목회는 모든 구성원의 수 전체보다 얼마간 작아도 충분한 것 같아 보인다… 모든 신자들이 제사장임에도 모든 신자들이 목회자들은 아닌 것이다." 맨슨은 전통적인 입장을 지지하기 위해, 아무런 반박도 하지 않았다. 그는 "모든 사람들이 은사를 갖고 있다"고 밝히고 있는 성서 본문은 아예 언급하지도 않았고, 이러한 논리를 갖고 있는 사람들이 납득할 수 있도록 설명조차 하지 않았다. 오히려 "충분한 것 같아보인다"라는 말은 자신의 추론이었지 절대로 신약성서가 지지하는 설명이 아니다.

"전문인 사역, 자비량 사역"

이와 비슷한 변화는 목회를 하는 사람이 목회 임무를 중심에 놓은 가운데 어딘가에서 생활비를 벌어야 한다는 생각을 갖게 한다. 이러한 목회는 여러 세대 전에 영국성공회 선교 사상가인 롤랜드 알렌Roland Allen

이 주장한 목회유형으로, 합당한 교회생활을 이끌기 위해 그 마을을 위해 무슨 일이든 해야 한다는 생각이다. 영국성공회의 알렌이 견지하고 있는 생각은 교회의 질서에 대한 고교회적 관점이기에, 이러한 타당한 목회를 위해서 교회 앞에서 타당한 절차를 밟아야 하며, 온전히 안수를 받은 성직자혹은 감독가 되어야 했다. 그러기에 더 많은 사람들이 성직자가 되어야 하며, 선교의 기반이 되는 교회라는 테두리 안에서 안수를 받아야 했다. 물론 이렇게 하는 것이 모든 사람을 재정적으로 후원혹은 영국 국가 소속 신학교 교육에 필요한 재정을 전적으로 지원한다는 의미는 아니었다.

이처럼 목회자들의 수입을 보장하는 것은 목회자들의 직무를 보다 신실하게 수행하도록 하는데 긍정적으로 혹은 부정적으로 엄청난 영향을 미친다. 아마도 안수에 대한 고교회적 관점을 가진 영국성공회는 자유 교회에 속한 교인들에 비해 전문적인 명성을 읽어버리는 것에 대해 감정적으로 강하게 반대할지 모른다. 아마도 예식을 수행하도록 훈련받은 교회의 성직자들은, 교인을 방문하거나 가르치는 일에 자신의 업무시간을 사용해야하는 목사들에 비해, 그리 힘들지 않은 자신들만의 시간을 확보할 수 있을 것이다.

보다 최근의 일이지만, 더글라스 웹스터Douglas Webster와 윌버트 스콥스Wilbert Scopes는 "전문인 사역"Tentmaking Ministry, 12)에 대한 선교관련 연구를 통해 이와 비슷한 내용을 강조하였다. 여기에서 강조점은 성직적으로는 덜 거룩하며, 경제적으로는 더 검소하게 사는 것으로 수정되었다. 지역 교구를 담당하는 목회 구조는 당연히 '위로부터' 목회자가 재정적으로 후원을 받는 것이 전제되어 있다. '위로부터' 라는 의미는 이미 정해진 교회의 재정구조 내에서, 혹은 국가로부터, 혹은 부유한 사회가 목회를 후원하는 체제를 말한다. 이러한 목회는 부유한 사회, 재정적으로 매우 규모가 크고 관대한 회중이 자유롭고 기꺼이 자신들의 재정을 나누는 모습으로 후원받는다.

이러한 분석을 통해 취할 수 있는 장점은 사회·경제적 현상으로서, 전임 사역을 하는 종교 지도자들을 안수의 신학뿐만 아니라 사회학적 맥락 속에서 인식하기 시작했다는 것이다. 이러한 전문인들을 누가 후원할 것인가? 만약 기독교가 공무원체제에 속해 있다면, 군주들이 후원을 할 것이다. 콘스탄틴Constantine 이래, 특히 샤르레망Charlemagne이래로 성직자들은 경제적으로 국가 최고 권력의 후원을 받아왔다. 부유한 사회에서는, 많든 적든 자발적인 기부금에 의해 후원을 받아왔다. 그러나 공적인 권력을 지닌 사람들이 교회를 후원할 의향은 없었고, 따라서 회중들이 너무 가난하거나 숫자가 적은 교회의 목회자가 경제적으로 일정수준의 후원을 받는다는 것은 논의의 대상이 되지 못한다. 교회가 운영하는 학교가 어려워져서 몇 명의 성직자를 위한 일자리를 제공하는 조건으로 정부가 운영하는 학교로 변할 때, 교회가 아닌 다른 곳에서 경제적으로 더 나은 보수를 받는 것을 좋게 보지 않았다. 이럴 때 만약 많은 회중들이 권위 없이 지내는 어떤 리더십을 비난하지 않는다면, 이웃들처럼 자신의 생활을 위해 목회자들도 돈을 벌어야 한다는 사실들을 인정하고 그런 방식들을 받아들이게 될 것이다. 스콥스 라틴 아메리카 Scopes' Latin America에 있는 대부분의 교회는 알렌의 아프리카Allen's Africa처럼 교회가 가난하고 작기 때문에 자급자족하는 리더십을 갖든지, 아니면 아예 리더없이 운영된다.

어디에서나 똑같이 적용할 수 있는 만병통치약이 있을 것이라는 생각을 버릴 수만 있다면, 그리고 모든 특별한 필요를 채우기 위해 큰 교회가 필요하다는 생각을 버릴 수만 있다면, 이곳에서 우리가 말하는 경제적 현실주의는 상당히 환영받을 만한 것이다. 그러나 우리가 여기에서 강조해야 할 것은 이 자급자족의 혼합식 목회가 '목회'라는 개념 안에서 제한적일 뿐 아니라 여전히 적응 중이라는 점이다. 무엇이 서로 잘못되었는지 밝히고 교정하기 위해 두 가지 통찰력이 있어야 한다. 우선 생활을 위해 자급자족하며 사는 '목사' pastor는 자신이 가진 리더십을 보다 쉽게 다른 사람들과 공유하자고 요청해야 한다. 그리고 목회 리더십을 함께 공유하는 사람들은 목사들이 보다 덜 일하는 대신에 정말로 꼭 해야 하는 일을 할 수 있도록 배려해야 한다. 그러나 장막 만드는 사역이라는 개념그것이 웹스터의 상황이든 스콥스의 상황이든은 목회, 안수, 리더십의 개념을 재정의 하는 것과는 별개로 이해되어야 한다. 각 회중에서 일하기 위해 안수를 받은 목회자의 사역과 후원에 대한 새로운 형태의 목회는 상당히 제한되어 있다. 이렇게 말하는 것은 단독 목회체제를 거부하려는 것이 아니라, 경제적으로 가능한 목회를 하기위한 시도이다.

이러한 변화를 시도하는 또 다른 방식은 '목회자'를 위해 회중이 그의 특별한 지위를 보장해 주는 것이다. 이것은 목회자를 회중에 속한 직원으로 이해하기 보다는 그로 하여금 다른 사회적 기능을 감당히도록 도와주는 일이 된다. 이러한 모델 중 하나는 이미 우리가 넌지시 비춘 것으로써 1950년대 프랑스에서 일어난 노동사제worker-priest 운동이다. 목회자는 노동자지만, 다른 그리스도인 노동자와 같지 않다. 왜냐하면, 그는 동시에 사제이기 때문이다. 성례전적 질서라는 로마 가톨릭의 고교회적 관점에서 볼 때, 이 독특한 노동사제를 공장에서 일하는 '기독교인의 존재'로 인정하는 것은 그 어떤 '평신도' 직원이 할 수 없는 것으로 이해할 수 있다. 그러나 어떤 다른 신학적 관점에서 볼 때, 노동사제가 공장에서 이루어놓은 무언가가 그 사람을 '목회' 혹은 '신학'적인 언

어를 소유한 사람으로 드러내주는 것은 아니다. 다시 말하지만 세상과
는 떨어져 있어야 한다는 이미 형성된 비전들을 서서히 바꾸어 나가는
기술이자 현대 세계의 필요에 대해 보다 적극적으로 관계하는 기술은
좋으나, 이러한 변화는 성직자/평신도의 양극화를 극복하도록 만들기보
다 오히려 더 두드러지게 할 것이다.

동등한 기회와 사회정의: 만들어진 인공 전쟁터

바로 전 세대부터 사회적 계급, 인종적 정체성, 그리고 성에 대한 내
용은 북미교회 및 사회에서 큰 관심사가 되었다. 사람들은 이러한 주제
들에 대한 분명한 평가가 내려지기도 전에 편견을 갖게 되었다. 일정한
수준의 학문적 훈련을 받은 사람들에게만 안수를 주어야 한다는 성직자
/목회자의 자격제한에 대해 문제가 제기되었다. 이미 우리가 살펴본 바
와 같이 해외 선교라는 영역에서그 중에서도 아프리카의 성공회의 로날드 알렌을
통해 가장 현저하게 드러남 자연스럽게 리더가 된 사람들을 사역에 동참하지
못하게 하는 일이 일어났다. 신임을 받지 못한 리더들과 외국 사람들이
지역 공동체에서 일하지 못하게 한 사건이었다. 이제 그와 같은 비판은
북미 상황에서 더 자주 제기되고 있다. 북미의 상황에서 전문적으로 훈
련받은 목회자들이 이끄는 교회보다 소수민족 교회가 더 빠르게 성장하
고 있기 때문이다.

사람들에게 성직자/목회자의 제한을 두는 것은 우선 19세기에 일어
났던 거룩함/부흥 운동에 걸림돌이 되었다. 그리고 자유주의적 개신교
들에게도 걸림돌이 되었다. 일반적인 교회에서 여성 목회자 안수는 확
고한 신학적 장벽에 부딪혀야 했다. 그래서 우리 시대는 여성해방론자
들이 급증하여 강한 반대급부를 형성하게 되었다.

내용이 어떻든지 간에 이러한 논쟁들은 중요하다. 왜냐하면, 복음은 사회적 약자와 이방인들에게 능력을 부여하기 때문이다. 그러나 그들은 목회 이슈에 대해서는 사람의 주의를 다른 곳으로 돌려왔다. 그들은 복음을 받아들인 처음부터 성직/목회를 잘못 정의한 결과이다. 애초부터 힘 우위의 기반아래에서 역할이 정의되는 데도, 왜 목회하는 여성들이 그런 지위를 원할까? 일상적인 사람으로부터 따돌림을 받도록 학교에서 배워온 형태로 리더십이 정의되는 데도, 왜 기초 공동체에서 자연스럽게 성장한 리더들이 그러한 '훈련'을 받는 걸까? '보편적인' 교회에서 "소명에 대한 위기"를 설명하는 이유가 목회에 대한 정의와 어울리지 않는데도, 왜 침몰하는 배에 타기 위해 여성들남미인 혹은 흑인이 평등한 입장을 요구하는 걸까? 우리와 동시대를 사는 교회의 많은 사람에게 사회 정의는 주된 이슈가 되고 있는 반면, 목회적 지위를 갖기 위해 평등한 입장을 요구하는 것에 대해서는 분노하는 전면전이 발생했다. 이것은 목회적 지위가 처음부터 잘못 정의된 것이었기 때문에 생겨난 싸움이다. 바울이 가졌던 비전 속에 드러난 목회의 역할이 무엇인지 올바로 정의하는 공동체 내에는 이러한 양극화가 더 이상 존재하지 않는다. 각 사람의 역할은 문화적이며 성차별적 차원의 독특성을 인정받음과 동시에 자신의 완전한 개성을 근거로 설명되어지도록 받아들여지고 있다. 자명한 일이지만 비본질적인 것을 토대로 누군가를 목회에서 제외시킬 수 없고, 제외시켜서도 안 된다.

예수의 페미니즘은 아주 오랫동안 무시되어온 복음의 중요한 쟁점이었다. 그러나 전문적인 특권을 갖는데 평등하게 접근해야 한다는 현대 논쟁은 예수를 듣는데 초점이 맞추어져 있지 않다. 여성들은 사도적 교회 및 공동체 내에서 리더십 역할을 감당해 왔다. 모든 사람이 리더십을 가졌기 때문에 그들도 당연히 리더십을 가졌다. 그러나 이러한 (불완전하고, 불완전한 모습으로 증명된) 선례들이 우리 시대의 여성 리더십을 재정의하는 최선의 태도는 아니다.

예수 주변의 사람들과 바울의 교회에 있었던 '예들'에 대해 불완전하게 입증된 역사적 기록들은 바울의 비전에 더욱 견고한 신학적 기반을 두었어야만 했다. 현재 대부분 사람이 사용하는 양극화 방식은 목회와 관련된 여성들에 관한 논제를 다루는 잘못된 방식으로, 소위 말해 다른 성性을 가진 사람들에게 안수하는 일을 정치적으로 만들고, 제한되고 폐쇄된 아주 소수의 성직자들이 되게 함으로써 양극화시키고 있다. 이러한 방법은 기본적인 실수를 용인하는 것으로, 중요한 일을 표면적으로만 처리하는 것과 같다. 또한 이러한 접근 방법은 '목회'가 소수의 사람들에게 주어진 특권이라는 점을 인정하는 것이며, 그렇게 수 백 년 동안 목회의 유형이 잘못된 모습으로 흘러온 역사를 지속시키는 것이다. 목회자가 되기 위한 교육, 기술 등과 같은 필요조건을 충족시킨 얼마 되지 않는 여성들만이 능력 있는 엘리트로 받아들여지게 한다.

이는 고지식하게 역사적 인과관계를 따지는 잘못된 방식이다. 몇 사람의 성차별주의 엘리트들에게 떠맡기듯이 행해지는 성차별 투쟁은 마치 엉뚱하게 들어와 자란 나무를 없애기 위해 밑동은 그대로 두고 꼭대기부터 자르는 꼴과 결코 다르지 않다. 기독교 초기에 남성 중심의 성직자들이 등장한 것은 이미 바울의 사상이 거부된 결과라고 볼 수 있다. 만약 바울의 사상이 다시금 회복된다면, 성별은 논의의 대상이 될 수 없을 것이다. 만약 그 사상이 회복되지 않는다면, 기본적인 사고방식에 변화를 주지 않고 얼마 되지 않는 여성 목회자들을 특권층으로 밀어 넣어 패배를 자초하게 된다.

이것은 특별한 목회를 하는 여성들의 특별한 자격을 깎아 내리는 잘 못된 길이다. 지금 이곳은 페미니즘에 대해 심도있게 논의하는 토론장이 아니다. 이 점에 있어서 어떤 사람은 인류학자들이 갖고 있는 방식을 따라 여성 특유의 덕에 대해 언급하면서 여성들이 기여할 것이 많다고 주장할 것이며, 어떤 사람들은 그렇게 여성이든 남성이든 특유의 덕을 논하는 것 자체가 악한 것이라고 주장할 것이다. 만약 그들이 속한 사회가 남녀의 성 역할에 대해 고정관념여성이 보다 직관적이고 남자는 보다 도구를 잘 다룬다는 식의 생각, 소녀들은 인형을 갖고 놀며 남자아이들은 총을 갖고 놀아야 한다는 생각…을 갖고 있다면, 그러한 역할과 고정관념은 인간본성을 억압하는 일이 될 것이다. 이러한 생각들은 자연스러운 것이라기보다는 잘못된 교육의 결과이다. 그리고 만약 우리에게 기회가 주어진다면, 이러한 생각들은 새로운 교육으로 바꿔야 한다. 이러한 논쟁은 아주 중요한 것이지만, 우리의 목표에 도달하는 데 별로 중요하진 않다. 그리스도의 몸을 이루고 있는 지체로서 목회에 임하는 각 사람의 평등한 존엄성 자체를 인정하는 것은 올바른 교육이라는 기나긴 과정을 통해 전체 문화를 바꾸어 나가는 일로, 도달하기에 불가능한 목표가 아니다. 오히려 그것은 성령님의 능력 있는 사역 안에서 믿음으로 이루어지는 현재 일어나고 있는 일이다. 현재 한 개인이 가진 특별한 형태와 역할 능력에 대하여는 성별이나 교육 수준이 어떠하든지, 은사로 받아드려야 한다. 그 사람이 편견이 없는 이상적인 사회에서 이러한 능력을 습득했든지 못했든지 슬퍼할 것이 아니라, 은사로 받아들여야 한다.

마찬가지로 인종, 사회계급, 기술, 교육 등 존재하는 모든 다양성에 대한 이슈도 같은 맥락에서 다루어야만 한다. 바울의 사상은 특정한 개인들이 갖고 있는 모든 능력을 항상 구체적으로 고려하고 있다. 그러기에 모든 개인적인 장점은 그것이 교육에서 온 것이든, 타고난 '은사' 이든 깊이 존중되어야 한다. 그리고 교회의 예식을 따라 선출된 것이든 나면서 부터 부여받은 것이든 그들의 자격과 권한을 인정해주고 공표해야 한다. 만약 교회에 속해 있는 어떤 여성, 중국인, 멕시코인이 실제 어떤 능력을 갖고 태어났다면, 성령님께서 축복하신 풍부한 은사라는 아름다운 그림 속에서 꽃 필수 있게 도와주어야 한다. 동시에 모든 개인은 독특하기 때문에, 어떤 형태로든 '획일화 시키려는' 모습이 있어서는 안된다. 특정한 사람에게 섬김과 봉사 혹은 리더로서 어떤 특별한 자질이 보이면, 그것이 '남성' 이든 '여성' 이든 상관없이 성령의 은사를 중시하는 공동체로서 그 특별한 자질을 인정해 주고 축하해주어야 한다. 이러한 것을 중요하지 않게 여기거나 비난하는 모습으로 절대 뒷걸음질 치지 않게 해야 할 것이다.

'구조 안에서의 목회'

이제 '사회적 기능' 의 하나로 자리하고 있는 기관의 사목교목, 원목이라는 특별한 분야의 목회에 대해 언급해야 할 것 같다. 여기에서 '목사' 들은 이전에 교구 목사가 교회에서 가졌던 특권을 부여 받을 수 있는 장소로서 감옥, 의회, 공장, 병원, 군대, 학교와 같은 조직된 사회단체를 찾는다. 항상 종교인들에게 직무의 보편성을 요구하는 인간의 필요라는 보편적인 관점으로 볼 때, 이러한 공동체들의 특별한 필요는 폭넓게 퍼져있는 사목 유형들의 생존을 위한 논리적 토대가 되었다. 현대 사회에서 시행되는 사목의 유형에는 오랜 세월 동안 전해내려온 다음과 같은 단점들이 존재 한다:

- '성직을 수여해 주는 이'에 대한 목사의 추종권, 즉 목사에게 권위
  를 부여하고, 후원을 하는 기관 중심의 권력구조
- 권한을 위임하고 감독하는 지역 회중의 독립성
- 목회자에게 권위를 위임한 체제의 요청에 따라 개인을 돕는 것을
  '목회'로 볼 수 있다는 유혹
- 권위의 자리를 대변하는 권위적 인물로서 '목회자'를 볼 수 있다는
  유혹
- 하나님 나라의 의를 이루는 총체적인 목회보다, 질병, 슬픔 등 개인
  적인 필요를 채우려는 데 모든 것이 집중되어 있다.

그러나 이러한 것에 좀 더 새로운 단점들을 추가한다면 다음과 같다.

- 어떤 특정한 교리적 입장을 견지하는 것은 나쁜 에티켓이라고 보
  는 현대 다원주의는 모든 종교를 동등한 것으로 환영하며 상대적
  인 진리를 추구하는 경향을 보인다. 어떤 특정 교단의 신념을 대놓
  고 옹호하거나, 심지어 공식적으로 금하고 있다. 그러나 모든 교단
  들이 동의하는 그 어떤 주된 질문이 없기 때문에 사목의 역할은 주
  로 이야기를 들어주거나, 비지시적일 수밖에 없다.
- 기독교인과 비기독교인 사이의 차이, 활동적이거나 그렇지 않은
  사람의 차이, 혹은 신실하거나 불순종하는 기독교인 간의 차이를
  드러내지 못하도록 하는 기관의 분위기를 통해 사람들을 편하게
  해주는 것이 이들의 주된 관심사다. 이러한 것은 의미상 '교구'에
  속한 모든 사람에게 우유부단한 입장을 취하게 함으로써 미국의
  시민종교라는 공통분모를 최소화시켜 나갈 뿐이다.

- 이러한 목회는 한 회중의 당면한 문제를 다루거나 한 회중에 의해
  후원을 받거나, 관리될 수 없다. 섬김을 받는 대상은 교회와 관련
  이 없기 때문에 빠르게 교체된다. 가족들은 기관의 관심밖에 있고,
  대개 기관의 결정권자들은 교구에 자신들이 속해 있지 않다고 여
  긴다.
- 사목들은 기관에 속해 있는 관리팀의 한 부분인 것처럼 처우 받는
  다. 그래서 다른 모든 일이 믿음과는 별도로 결정된다는 느낌을 받
  게 된다.

이러한 어려움을 인정하는 것은 이러한 종류의 목회적 봉사를 공공
연히 비난하기 위함이 아니라 빠지기 쉬운 함정이 있음을 인식하고 피
하자는 것이다. 만약 '사목'이 기관에 의해 선택되지 않고 도덕적으로나
영적으로 건강한 교회에 의해 '위임'된다면, 만약 사목이 믿지 않는 사
람을 있는 그대로 받아들이고 마음으로부터 우러나오는 모습으로 섬길
수 있다면, 약자의 입장에 함께 설 수만 있다면, 그리고 만약 사목이 상
관의 눈치를 보지 않고 자신에게 주어진 역할을 도덕적으로 수행할 수
만 있다면, 복음에 대해 신실한 모습으로 사목의 일을 충분히 감당할 수
있을 것이다. 그러나 이러한 모든 함정이 분명히 보임에도 불구하고 위
험을 감수할 충분한 가치가 있기에 수많은 목회자들이 자신의 회중을
떠나는데, 이러한 종류의 봉사는 다시금 성직의 목회를 다시금 강조하
는 것이며, 성직자/평신도의 양극화된 모습을 느슨하게 하기 보다는 더
강화시킨다.

근원적이지 않지만 아주 중요한 또 다른 변화가 있는데 이는 회중의
제도적 리더십 내에 존재하는 직원들의 기능을 차별화하는 것이다.[13]

한 사람의 목사가 거의 모든 것을 감당하는 200~300명의 구성원이 있는 열 개의 회중 대신에, 여러 다양한 크기와 형태의 모임이 있으며, 고도로 차별화된 전문가들이 일하는 대형회중을 가질 수도 있다.

그러한 전문화는 사회 내의 제도 교회로서 창조성을 증진시키는 동시에 영향력을 행사하게 될 것이다. 이러한 점은 의심할 필요가 없는데, 왜냐하면 이러한 전문 인력을 사용하는 것을 반대할 아무런 이유가 없기 때문이다. 그러나 이 제안이 추구하는 답이 무엇인지 알기 위해 던져야할 질문은 일반적인 목회를 어떻게 해방시키는가 하는 것이 아니라, 오히려 소수의 사람들이 관여하는 이러한 목회를 어떻게 보다 더 지적으로, 보다 더 전문적으로 만드는가 하는 것이다. 이러한 섬김을 위해 교회가 사회를 위한 목회상담, 지역사회 발전, 사목와 눈에 보이는 구성원들 사도, 예언자, 교사에게 주어진 것을 적절히 활용한다면 그 나름대로 최상의 목회가 될 것이다. 다양한 종류의 모임을 개발하는 것은 그나마 봉사기관으로서 교회의 모습을 향상시키는 최상의 모습이 될 것이다. 그러나 이러한 것은 참신한 개인적 공동체를 실현하기 위한 것으로부터 한 발짝 멀어지게 하는 것이 될 수도 있다. 그러기에 목회가 회중에 의해 통제되는 것은 기회가 됨과 동시에 퇴보가 될 수도 있다. 그러므로 팀 목회나 직원 목회를 언급한 스티븐 로즈Stephen Rose의 제안은 성직자/평신도 양극화를 사라지게 하기보다는 더 강화시킬 것이다.

1) 참고 문헌에 나와 있는 콜린 윌리암스(Collin Williams)의 유명한 저작들을 참고하라.

2) Leroy R. Lindsay, "Letter from the Fringe", *Christian Century*, September 7, 1966.

3) 후에 메노나이트와 그리스도의 교회는(요한복음 10장 12절이 암시한) 자발적인 선물이 아닌 다른 모습의 후원을 받는 목회자들에게 경멸적인 명칭으로 사용된 "삯군"이란 용어에 대해 큰 논쟁을 벌였다.

4) J.H. Yoder, ed., *The Legacy of Michael Sattler*, (Scottsdale, PA: Herald Press, 1973), pp. 38f, 44f.

5) 고린도전서 14장 29절은 "Answer of Some who are Called (Ana)baptists Why They Do Not Attend The Churches..." edited by Paul Peachey, 「Mennonite Quarterly Review」, 45 (January 1971), pp. 5~32. 논문의 중심 주제이다. 이 논문은 1530년대 중반부터 다루고 있다.

6) 아마도 많은 사람들은 성직자가 없고, 목회자 혹은 사제들이 없는 그리스도인 그룹들 중 가장 특별한 그룹으로 퀘이커를 언급할지 모른다. 아마도 이들의 특별한 모습에 주안점을 두고 이들을 가장 잘 설명하는 전통적인 용어를 위해 평신도라는 단어를 사용하는 것은 잘못된 것이다. Maurice A. Creasey, *Lay Christianity*, (Doncaster, 1962) p. 13.

7) *Priestly Kingdom: Social Ethics as Gospel*, (Scottdale, PA: Herald Press, 1985) p. 182ff를 요약한 내용임.

8) 이러한 폭넓은 대화는 특별히 1960년대에 매우 활발히 일어났다. 이러한 대화를 가장 훌륭하게 담고 있는 기념비적인 문서들은 이 책의 뒷부분에 목록으로 정리해 놓았다. 「평신도」*Laity*라는 잡지는 1968년에 폐간되었다. 그 이후로의 세계 교회 연합운동 관련 대화는 다른 미개척 영역들을 다루고 있다.

9) *Laity*, World Council of Churches, July 1960, No. 9, pp. 5~21.

10) *Laity* No. 15, May 1963.

11) (London: Epworth, 1958) p. 69.

12) 목록의 책을 참고할 것, p.106.

13) Stephen C. Rose, *The Grass Roots Church* (New York: Holt Rinehart and

Winston, 1966). 비록 로즈가 풍자적인 용어를 사용하는 세련된 작가임에도 불구하고, 풀뿌리라는 이름으로 관료주의를 강조한 것을 뜻밖의 일로 자각없이 한 일인 것 같아 보인다.

5. 중심으로부터의 재정의

교회에서 목회 책임의 중앙집권화는 여러 가지를 축적하고 제거하는 다양한 과정을 통해 이루어진다. 어떤 경우에는 중요한 임무가 한 사람에게 집중적으로 부과된다. 이러한 것의 가장 대표적인 예가 바로 팔방미인형의 목회자를 필요로 하는 현 미국 교회의 목회구조이다. 시대 및 장소에 따라 중요하지 않게 여겨지는 목회의 기능과 직무는 그 모습이 사라지거나예언 및 방언과 같은 전체 회중의 감독하는 감독의 권한으로 넘겨지기도 한다. 이 때 지역 회중을 섬기는 성직자에게는 성례전을 시행하는 역할만 남겨지게 된다.

이러한 두 가지 상반되는 경향은 서로 동떨어져 있는 것이 아니다. 오히려 그들은 동시에 일어나는 현상이며, 이 둘 사이에 생겨나는 긴장은 보다 더 강한 구심점을 이루도록 만들어 지위에 종속되는 다양한 목회 집단을 형성한다. 이렇게 한 가지 특별한 기능으로 '목회'를 정의하고자 하는 이러한 요구는 수많은 것들을 분명히 하려는 희망을 갖게 하지만, 실제로는 그렇지 않다. 미국에 있는 성공회 목회자는 건물 관리 및 봉사 단체 운영을 포함한 회중 프로그램에 대한 책임을 져야하고, 목회로의 부르심이 무엇인지 기록을 해야 하고, 사람들이 갖고 있는 문제를 상담한 후 필요하면 적절한 사람들을 소개해 주어야 하고, 설교하고, 가르치고, 지역 주민들을 대변하여 도덕적인 문제에 대해 대표적인 발언을 해야 하고, 지역사회 리더들과 함께 좋은 관계를 유지해야 할 것이다. 그러나 이러한 일들과 더불어 여전히 그가 지니고 있는 임무의 핵심은 목회자로서 성례전적 권위를 갖고 하나님의 이름으로 구원의 예식을 수행하는 것이다. 나사렛 교단의 목회자 또한 거의 같은 사회적 역할을 감당해야 하며, 85~90퍼센트의 시간을 이러한 일을 감당하는데 사용해야 할 것이다. 유일하게 일요일 아침에 드리는 예배에서만 그들의 행동이 판이하게 다른 모습을 띠게 될 것이다. 나사렛 교단에 속한 목회자들은 빵과 포도주를 나눌 때 무슨 일이 일어나는가에 의해서가 아니라, 성령님께서 청중들의 마음에 무슨 일을 행하시는가 하는 은혜의 사역에서 의미를 찾는다. 리차드 니버Richard Niebuhr가 주류 개신교에 나타난 목회 유형 및 목회 교육에 관한 연구의 결론부에서 '목회 감독'이라는 개념을 제시하였는데, 이 또한 똑 같은 입장이며 단지 목회의 통합적 기능을 그 중심에 놓고 있을 뿐이다.[1]

이와 똑 같은 논리 형태가 보수 개신교의 역사 속에서 발견되는데, 이는 '말씀 선포'를 목회의 중심에 두는 보다 더 의미심장한 모습을 띠고 있다. 이에 대한 실제적인 모습이 어떤 지는 잠시 후에 다시 살펴볼 것이다. 우선, 우리는 이러한 논리의 형태를 다룰 때 발생하는 이해와 토론의 문제들이 무엇인지에 더 많은 관심을 갖고 살펴야 한다. 즉 전체 목회 '업무분장' 에 있어서 10~15%에 해당하는 것이 왜 그렇게 중요한 지 잘 살펴보아야 한다.

목회의 중심 개념이 무엇이든, 이러한 중심개념은 다양한 방식으로 다른 업무들에 영향을 미치거나 압도하는 모습으로 나타나게 마련이다. 이러한 '종속' 적인 업무들은 무엇보다 주요한 업무를 실행하는 어떤 사람에 의해 적절히 수행되는 모습으로 나타날 수도 있다. 누가 되었든지 제사장적 역할을 수행하는 것으로 보이는 사람만이 권위를 갖고 상담을 할 수 있게 될 것이다. 혹은 누군가 신실하게 복음을 증거할 수 있는 능력을 가진 사람만이 기독교 교육을 담당하도록 인정될 것이다. 즉 핵심이 되는 정의가 다른 기능들이 타당한지를 판가름하는 전제 조건이 된다. 그러나 상호관계성 또한 긍정적으로 작용할 것이다. 같은 맥락의 예를 들면, 상담은 더는 단순한 상담이 아닌, 성직자가 당연히 해야 하는 업무가 된다. 기독교 교육은 말씀 선포 자체가 되며, 사회적 행동은 복음주의가 된다.

이러한 류의 사고방식은 그 자체로 잘못된 것도 아니고 부정직한 것도 아니지만, 사고방식의 다양함은 수많은 혼동을 가져온다. 예를 들어 '말씀 선포는 목회의 핵심이다' 라고 말하는 것은 다음에 제시하는 여러 가지 의미들 중 한 가지에 해당될 것인데, 이러한 것은 상호 교환적이지 못하며 아예 서로 상반되는 모습으로까지 나타날 수도 있을 것이다. 예를 들어,

- '말씀선포' proclamation는 다른 것으로 대치할 수 없는 고유한 기능으로써 교회의 그 어떤 것보다 중요하고, 보다 분명하게 정의되어야 하는 기능으로써 최고의 구속력을 가질 정도로 꼭 있어야하는

기능이다.

- '말씀선포'는 교회에서 시행되는 모든 목회들 중 차별화되어야할
  아무런 근거가 없음에도 다른 목회들의 가치를 설명한다는 특징
  이 있다.
- '말씀선포'는 다른 종류의 목회들을 적절하게 수행할 수 있는지 아
  닌지, 혹은 목회들을 적절하게 수행 때가 언제인지 사람들이 알아
  차릴 수 있도록 분변할 수 있는 기준과 범위를 제공한다.
- '말씀선포'를 담당하는 그 사람이야말로 그 회중에게 적합한 리더
  이다.
- '말씀선포'의 내용이 그 회중의 특성을 결정한다.

이러한 설명 하나하나는 진지하게 점검해야만 하는 것들이다. 이들
중 어떤 것들은 예로부터 전해 내려오는 고귀한 역사의 뿌리를 갖고 있
다. 그러나 이러한 내용들 가운데 '말씀선포' 그 자체를 제대로 규정하
지 못하고, 말씀선포에 대한 판단력이 부족하다는 이유로 말씀선포의
중심성에 관한 설명들을 이성적으로 논쟁하고 시험하기 보다는 일종의
주문처럼 모시고 있기 때문이다. 이들 중 어떤 것도 왜 '말씀선포' 그 자
체가 한 사람에 의해 이루어져야하는지, 그리고 왜 그 사람이 다른 모든
리더십의 일을 동시에 수행하고 통제해야하는지 제대로 설명하지 못하
고 있다.

특히 종교개혁 이래로, '적절한 말씀 선포'는 교회와 목회를 정의하
는데 있어 핵심적인 역할을 감당해 왔다. 그래서 '그 말씀'은 무엇이며,
'적절' 하다는 의미는 도대체 무엇인지에 대하여는 루터에서부터 칼빈
에 이르기까지 그리고 웨슬리로부터 바르트에 이르기까지 너무나 다양

하게 해석되어져 왔다. 그럼에도 공식적으로 말씀선포에 대한 기준은 변하지 않고 상당히 견실한 모습을 유지하고 있다.

여기에서 우리가 검증해야 할 것은 기본적으로 '말씀 선포'라는 용어가 성서에서 연유한 것인가 아닌가 하는 점도 아니고, 교회에서 '말씀선포'가 꼭 이루어져야만 하는가도 아니다. 우리가 검증해야 할 것은 이보다 훨씬 더 간단한 일이다. 그것은 과연 이 단어가 말하고자 하는 의미를 모든 사람이 제대로 사용하고 있는지, 그리고 이를 동일한 '잣대'로 잴 수 있을 만큼 충분히 객관적이며 분명하냐는 것이다.

초기 개신교운동의 말씀선포 형태, 특히 루터교인들의 말씀선포 형태는 그 의미가 명확하였다고 믿었던 것이 분명하다. 교회의 다른 모든 기능들과 다른 모든 목회들은 말씀선포의 상태에 따라서 포기되기도 하였고 자리를 양도하기도 했다. 그러나 그때 이후로 지금 우리가 분명하다고 여기는 말씀선포의 개념 및 의미의 다양성을 의심하도록 만들고 있다. 개신교 신자들이 '설교' preaching를 계속하고 있지만, 설교되는 것의 언어적 의미 혹은 설교라는 행위의 사회적·도덕적 의미가 다른 모든 것의 표준으로서 사용될 수 있을 만큼 충분한 모습으로 남아 있는지 아닌지는 가장 의심스런 부분이다.

어떤 사람들에게 '설교'는 가장 대중적이며 공식적인 강론이다. 실제로 설교를 들으려는 상당수의 청중 앞에 놓이는 강대상은 이를 가장 잘 드러내 주는 적절한 틀이다. 어떤 사람들에게 설교는 모든 종류의 상황 속에서 가능한 모든 형태의 의사소통이기도 하다. 또 어떤 사람들에게 설교는 너무나 소중한 것으로, 또 어떤 사람들에게는 그다지 필요한 것은 아니지만 나름대로의 기준이나 주제들을 명확하게 발견하도록 도와주는 것으로, 혹은 유대인들의 문서와 기독교 성서의 명령이기도 하다.

또 어떤 사람들에게 설교는 사도행전에서 사도들이 보여준 모델을 따라 불신자들이 운집하는 시장 통에서 선포되는 것이기도 하며, 여전히 또 다른 사람들에게 설교는 믿음을 가진 신자들을 가르치는 교훈을 포함하고 있어야 한다. 종교 개혁가들이 가장 폭넓게 사용하는 표현을 포함하여 여전히 또 다른 사람들에게 설교란, 그것이 신자와 불신자, 믿음과 불신을 도저히 구분해 낼 수 없을 만큼 완전히 뒤섞여 있는 군중들에게 의식적으로 강연하는 것을 말하는데, 이는 가시적인 믿음의 공동체를 요구하는 재세례신자들의 설교관을 거부하는 것이다.

아마도 설교에 대한 이러한 모든 용례들은 전부 맞는 말처럼 들릴 수 있다. 그 의미를 자세히 검증해본다면 이런 설교에 대한 설명과 이해는 주어진 상황 안에서 엄청난 논쟁을 불러일으킬 만큼 아주 구체적인 의미를 갖고 있다. 여하튼 일단 이러한 설명과 이해를 뒤섞어 놓으면, 설교의 본질이 훼손되기 마련이다. 이 설교라는 한 단어가 어떤 의미를 가지며, 얼마나 많은 것들을 감추고 있는지 생각해 보기 위해 사도행전의 설교자들로부터 야고보서 3장의 교사들과 목회서신들의 장로들에 이르기까지 가르침을 천천히 훑어보거나, 칼빈으로부터 핀니Finney: 19세기 미국의 설교가를 거쳐 빌리 그래함에 이르기까지 살펴본다 해도 별 도움이 되지 않는다.

그렇다면 우리가 정말 물어야 할 것은, 설교라는 단어의 명확한 개념이 무엇인가 하는 것이 아니라, 신약성서에서 과연 다른 목회들과 특별하게 구별되는 설교라는 직책office이 있었느냐 하는 것이다. 신약성서는 요즘 신학자들이 사용하는 것만큼 이 용어를 자주 사용하지도 않았고 정확하게 같은 의미도 아니지만, 케리그마Kerygma 혹은 말씀선포proclamation에 대해 언급하고 있다. 그러나 이 단어의 인칭 명사에 해당하는 말은 케릭스keryx 혹은 사자herald 라는 말로서, 단지 3회 정도밖에 사용되지 않았다. 그것도 두 번은 사도와 동의어로 사용된 것이며디모데전서2장 7절, 디모데후서 1장 2절 나머지 하나는 노아라는 인물을 설명하기 위해 사용되었다. 신약성서에 기록되어 있는 여러 다양한 목회는 '말씀선포'라는 구술적 의사소통 방식과 관련되어 있다. 그러나 고린도서에 나타나는 다양한 형태의 그림에서도, 목회서신에 드러나 있는 최소한의 형태에서도 말씀선포를 하나의 독특한 목회로써 규정하거나 이름을 붙인 곳은 한 곳도 없다.

오스카 쿨만Oscar Cullman은 초대 기독교 예배가 성찬식과 눈에 띠게 차별화된 '말씀 선포' 중심의 예배였다는 것에 대해 동의하지 않는다. 이러한 표현은 "이교도들을 회심시키기 위한 선교 수단으로써의 설교"로써 교회 밖에서나 존재하였을 뿐이라고 말한다.2)

우리가 발견할 수 있는 루터의 말씀선포에 대한 기능과 내용은 자못 분명한 모습으로 정의되고 있다. 그러나 사실을 좀 더 분명하게 설명하자면 루터에게 조차, 그리고 개신교운동의 다른 설교 형태에서조차 강대상에서 설교자가 말하는 것들은 이러한 표준을 넘어 그 의미가 크게 확장하였다. 시작초기의 루터에게는 "오직 믿음을 통한 은혜로 말미암아 의롭게 된다"는 말씀이 선포되어야만 '참 말씀' the Word이었다. 그러나 세월이 흐르면서 이러한 핵심 주제는 보호되고 다른 교리들에 대한 논쟁, 무지한 사람들을 위한 훈계, 선한 일을 위한훈계, 법에 대한 가르침으로 채워졌다. 여기에서 우리가 말하고자 하는 것은 폭넓은 의미로 이 단어가 사용되어서는 안 된다고 제안하려는 것이 아니라, 무슨 일이 일어나는 지에 대해 '말씀을 선포' 할 때, 일반적인 표어로 자리할 뿐 정확한 표준이 없음을 말하려는 것이다. 애초부터 우리가 이해하고 있는

'복음'gospel은 때때로 다른 메시지들과 구별되는 특정한 의사소통–내용을 의미하며, 또 어떤 때는 그리스도인들의 모든 소통의 일반 표제를 의미하는 이중적인 뜻이 있다.

초대 교회 때나 현재나 언어를 사용하는 의사소통에는 수많은 방식이 있다. 우리가 희망하고 기도하는 것처럼 이러한 모든 의사소통 방식들은 하나님의 은혜를 한 가지 혹은 또 다른 방식으로 증거 해왔다. 그러나 이러한 노력들은 단지 큰 실타래 속의 한 가닥 실에 불과하며, 여러 표현들과 주장의 한 부분이며, 언어의 한 부분이며, 혹은 배경을 장식하는 가구들 중 하나이며, 다른 모든 것들의 '중심'으로써 하나의 청중 혹은 한 사람의 목회자를 끌어내는 것들로써 이러한 노력들은 아직도 제대로된 표준을 설정하지 못했고, 그러기에 그 자체로 논쟁의 여지가 다분하다. 특별 부흥 집회에 나타나는 특별한 설교의 모습을 통해 신앙부흥운동에서 잠시 그 분명한 모습이 회복되긴 하였다. 그러나 일단 '부흥회'의 설교가 전형적인 스타일로 자리하게 되자 설교는 가르침, 논쟁, 및 훈계의 요소를 다시 회복해야 했다.

신약교회 설교의 내용과 상황

교회 및 목회를 위한 표준으로 자리하는 특별한 개념의 설교를 추구하는 것이 허사라는 것을 인정하면서, 신약교회 당시에 언어중심 목회의 다양성을 위한 일반적인 칭호로써 설교라는 단어를 사용해보자. 아마도 이러한 목회의 다양성에 대한 관심은 목회의 다른 측면에 대한 여러 가지 질문을 하게 만들 것이다.

초대 교회 예배의 모습이 어떠했는지 알아보는 것은 추측을 통해서만 가능하다. 교회의 '당면한 사안들'을 기록하고 있는 사도행전 11장과

15장을 제외한 사도행전이 보고하고 있는 이러한 강론에 대한 기록들은 믿음이 없는 청중들을 겨냥한 것이다. 우리는 신조, 찬송, 기도 그리고 예언의 발자취는 갖고 있지만, 신약교회의 '설교'가 어떠했는지 그 발자취는 갖고 있지 않다. 사도들, 장로들, 그리고 교사들은 모두 다양한 방식으로 가르치고, 훈계하고, '설교'해야 했지만 한 가지 종류의 연설이 우세했다는 힌트는 그 어디에도 없다.

그러나 한 가지 독특한 차이가 있긴 하다. 도드C.H. Dodd가 설명한 것처럼, 비기독교인들에게 말할 때 초대교회는 가장 특별한 메시지를 선포했다는 점이다.3) 여기에서 '말씀선포'는 예수 그리스도의 삶과 죽음과 부활에 대해 말하는 것이었기에 설교에 의해 회개와 믿음이 생겨났다. 이러한 말씀선포는 우선 청중들이 믿지 않는 사람들이라는 가정하에서 이루어진다. 그 결과 설교를 들은 사람들은 믿거나 자신의 불신을 확인하는 모습을 보였다.

이러한 것은 믿음을 갖고 교회에 속해있는 사람들을 위하여는 별도로 구별된 다른 가르침이 시행되었다는 것을 말해준다. 신자들은 이 땅 위에 사셨던 예수님의 말씀과 사역, 구약의 본문과 예수님에 대한 구약의 적용, 신조와 찬양, 도덕적 지침들을 배우고 따라야 했다. 반복적인 설교는 교회 정체성과 그 기반을 형성하였고, 교회가 양적 질적으로 성장하는 선결요소였다.

이러한 케리그마kerygma와 디다케didache라는 독특한 구분은 일시적 유행을 따라 사는 사람들에 의해 과장되었고 이에 대한 반응 또한 과장되었다. 이러한 특별한 감각과 안에의 '말씀선포'와 '가르침'은 서로 따로 분리되어 있는 진리가 아니다. 그러나 이러한 진리가 설교를 듣는 청중들이 교회에 있든지 교회 밖에 있든지 신약교회의 설교자를 특별하게 변화시켰다는 도드의 주장은 전적으로 옳다. 진리는 설교자들을 전략적인 면에서 뿐만 아니라 내용면에서 변화시켰다.

이와 같이 우리는 말씀선포가 의미하는 새롭고 견고한 차원을 살펴보았다. 즉 '말씀선포'는 특별한 직무가 아니라 청중들 즉 불신자들에 의해서 규정되는 것이었다. 이것이 의미하는 것은 종교개혁가들이 말하고자 했던 의미는 분명 아니었다. 왜냐하면, 종교개혁 신학의 관심은 근본적인 삶을 뒤흔들어놓기보다는 조직화된 교회를 재조직하고 이를 정당화하는 데 있었기 때문이다. 종교개혁은 유아세례와 국가의 후원을 받는 교회의 회원들을 그대로 유지하였다. 이와 같이 믿는 사람과 믿지 않는 사람의 차이, 회원과 비회원의 차이는 눈에 보이는 것이 아니었다. 참된 교회의 회원권은 독립된 것으로 정의되어야만 했다. '교회는 말씀이 적절하게 설교되고, 성례전이 적절하게 수행되는 장소'라는 것은 목사와 감독에게만 적용되는 표준이지 회중이나 그리스도인에게 적용되는 것이 아니다.

모든 사람은 세례침례에 의해 교회 안에 속한다. 왜냐하면 모든 사람은 마치 처음인양 믿음으로 나와야 할 죄인들이기 때문이다. 그리스도인들과 그리스도인이 아닌 사람들 간에 존재하는 양쪽 극단의 차이, 즉 신약성서나 그 어떤 선교적 상황에서도 너무나 분명한 모습으로 남겨져 있는 이러한 차이는 종교개혁에서 전혀 받아들여지지 않았다. 한편으로는 모든 사람에게 세례를 줌으로써, 그리고 또 다른 한편으로는 신자가 되었음에도 삶 속에서 거듭남의 실체가 너무나 제한적이어서 여전히 죄의 속박을 깨뜨릴 수 없다는 생각 때문이었다. 그러므로 믿음에 대하여 혹은 믿음 없음에 대하여 실제적인 보증없이 청중들의 입장에서 볼 때, 설교는 사도들이 교회 밖에서 회개를 촉구한 설교와 동일한 모습으로 교회 안에서 반복되어 시행되는 경향을 보였고, 결국 헌신된 신자들이 모이는 가시적인 공동체를 세우는 데까지 전혀 나아갈 수 없게 되었다.

이러한 종교개혁의 입장과 신약성서가 견지하는 입장의 차이를 언급하는 것은 이미 신자들이 믿고 있는 것이 무엇인지 상기할 필요나, 하나님의 은혜로 듣는 사람들의 반응이 늘 새로워져야 할 필요를 부정하려는 것이 아니다. 초대 교회에는 우리 시대가 요구하는 인내보다 더 많은 인내를 요구했고, 과거의 헌신에 대한 보다 더 많은 반복과 강화가 있었음에 틀림없다. 그렇지만 설교를 특별한 목회자에 의한 훈계, 문제 제시, 고백, 찬양과 구별되는 형태로써 특별하게 여길 이유는 없다.

나는 섬기는 사람으로 당신들 중에 있습니다

만약 실제로 한 사람이 성서를 근거로 공동체의 모든 목회를 지도하고 계발하는 '중심'에 있으려면, 스스로가 종이 되어야 한다는 개념을 갖고 있어야 한다. '개입하지 않는다'는 의미를 가진 '평신도' lay라는 단어의 또 다른 측면은 원래 어원적으로 '종'이라는 의미였던 '목회자' minister라는 단어였는데, 후에 '통치자' ruler를 의미하게 되었다.

시작부터 그런 것은 아니었다.4) 고대 근동지방에서 사용되었던 용례로서, 처음 교회 안에서 주어진 역할로써 섬김이란 신적인 왕의 종으로 섬겨야했던 인간적인 왕에 상응하는 말이었다. 이사야 42장부터 53장까지 기록되어 있는 "고난 받는 종의 노래"는 이러한 용례를 가장 잘 반영해 주는 예이다. 그러나 이러한 용례는 인간적인 종이 겪으며 나가야 할 패배 및 고난이라는 운명으로 이해되고 적용되기 시작했다. 사도행전에 사용된 사도적 용어들 중 몇 가지 단어가 다윗과 예수에게 적용되어 사용되었다.4:25~30 복음서는 예수께서 자기 자신에 대한 설명을 통해 이러한 용어를 바꾸어 놓았다.

> 예수는 아버지께서 모든 것을 자기 손에 맡기신 것과 또 자기가 하
> 나님께로부터 오셨다가 하나님께로 돌아가실 것을 아시고 요한복음
> 13장 3절

이것은 단순히 하나님을 섬기는 것뿐 아니라, '친구들'이요 '형제들'이라고 부른 제자들을 직접 섬겨야하는 예수님 자신의 역할을 재정의하는 설명이다. 즉 누가복음과 요한복음에 나타난 성찬이라는 배경 속에서 여전히 "우리 중 누가 큰 자인가?"를 놓고 이런 저런 생각을 하고 있는 제자들을 바라보면서 예수님은 그들의 역할이 무엇인지 모범을 보여주신 것이다. 이와같이 기름부음을 받은 자the Anointed, 그리스도의 역할을 재정의함으로써, 예수님은 공동체 내에 존재하는 모든 역할을 재정의하셨다. 즉 예수님께서 바로 그 역할을 재정의 하신 것이다.

하나님 자신이 종이 되기 위해 규칙을 깨뜨리고 우리와 같이 되셨다는빌립보서2장 5~11절 개념은 엄청나게 강력한 파라독스이다. 이러한 개념은 사회의 발전과정에 대한 생각의 범주를 한꺼번에 뒤집어 버리는 것이기도 하다. 이것이 바로 우리가 섬김을 아름다운 통치 언어로 바꾸어 놓는 사탄의 속임수에 쉽게 넘어가는 이유이다.5)

관료주의체제와 관료

비록 충분히 증명할 만큼 사람들의 교회Volkskirche가 발달되지 않았을 지라도, 교회의 정의로써 사람들로 하여금 말씀선포에 관심을 집중하도록 만드는 것은 최소한 종교개혁가들로 하여금 자신들이 갖고 있던

믿음과 회원권에 대한 내용을 제대로 비판하지 못하도록 만들었다는 점을 분명히 해야 한다. 이들은 이러한 정의들과 단독 목회 유형 사이의 특별한 상호관계가 어떤지 보지도 못했다. 믿음과 불신의 명확한 구분선을 사라지게 만들고, 목회자들을 권력구조의 부분으로 자리하게 만든 교회와 사회국가가 결탁한 콘스탄틴 결합은 서로 밀접하게 관련되어 있다.

조지 윌리암스George H. Williams는 공식적 종교개혁을 규정하기 위해 "관료적인"magisterial이란 용어를 널리 유포시켰다.6) 이것은 중세 및 종교개혁 시대의 목회 유형의 특성을 두 가지로 밝히고 있다. 즉 목회는 국가의 관료들에 의해 관리되는 것이며, 목회는 기본적으로 대학(관료주의체제)의 표준으로 제시된 신학적 가르침의 기능으로 이해되었다. 비록 정부에 의해 정치적으로 후원받는 것이 대부분의 사회에서 포기된 것처럼 보이지만, 이러한 정부와 교회의 상호협력이라는 이중적인 면모는 한 교구내에서 잘 훈련된 목회자를 제도적으로 후원하는 방식으로 지속되었다.

두말할 것도 없이, 공식적인 '국가교회' 의 연결고리가 사라지면, 정치적·지적 엘리트를 의존하고 그들과 자신을 동일시했던 목회자의 심리적·경제적 의미들도 모두 변한다. 그렇게 '관료화된' 사람의 도덕적 비굴함은 성직자를 직접 고용하고 이들에게 임금을 주는 제후들이 판치던 중세시대의 것과 구조적으로 비슷하게 되었다. 이러한 구조는 성직자를 박해하거나 압력을 가할 수 있는 쉬운 존재로 만들었다. 그러나 진짜 문제는 교회제도를 폐지하는 것만으로 변화가 일어나지 않는다는 점이다. 북미에 있어서 '제후' 의 자리를 대치한 것은 또 다른 형태의 정부관리들이 아니라, 소위 말하는 지배적인 교회회원 혹은 그들이 속한 사회에서 경제적으로 안정된 사람들, 그러나 매년 재정적인 입장에서 목회자들의 지위를 결정할 수 있는 사람들로 대치되었다는 점이다.

이러한 유형의 또 다른 약점은 특별히 우리 시대의 외국 선교운동에 대해 비판할 때 보다 분명하게 드러나고 있다. 실제로 이러한 구조가 선교적 상황에서 보다 급속도로 번져가서 더 이상 다루기 힘들게 되었다. 이러한 상황은 이제 막 생겨난 신생 회중에게 매우 건강하지 못한 모습으로써 '비기독교 세계'에서 성장하고 있는 교회들을 더 이상 교육적으로나 재정적으로 후원하지 못하도록 기능하고, 필요한 사람들을 훈련시키는 일을 불가능하게 만들고 있다. 선교현장에서 보다 더 효율적인 교회일수록, '보다 더 적절하게 훈련받은 목회를 제공하는 것'이 통계적으로 불가능하다고 보고되고 있다.

이러한 종교 개혁가의 '관료주의적인' 목회 유형의 또 다른 차원은 대학의 지적 수준과 연관되어 있다. 현재 관찰되고 있는 최소한의 내용을 통해서 알 수 있는 사실은 대학원에서 목회를 위해 필수과목으로 들어야 하는 과정을 '직업'을 위한 준비로 생각하고 있으며, 이미 많은 사람들이 이를 당연하게 받아들이고 있다. 신약성서야고보서 3장은 이미 이러한 위험성, 즉 복음을 단순히 말로 '가르치는' 수준으로 만드는 것의 위험성에 대해 엄중하게 경고 있다.

1) H. Richard Niebuhr, *The Purpose of the Church and its Ministry*, (New York: Harper, 1956)

2) *Early Christian Worship*(London: SCM Press 1954), pp. 27-29

3) C.H.Dodd, *The Apostolic Preaching and its Development*(Chicago: Willett, Clark, 1937)

4) Lewis Mudge, *In His service: The Servant Lord and his Servant People* (Philadelphia: Westminster, 1959)

5) Rebert Greeneaf, *Servant Leadership* (New York, Paulist, 1977)

6) Geroge H. Williams, *The Radical Reformation*(Philadelphia: Westminster, 1962)

6. 전문성

'주'의' -ism라고 부르는 모든 것은 무엇엔가 집중하도록 아주 강한 느낌을 갖게 만든다. 그리고 실제로 거기에는 예외가 없다. 이러한 단어를 그다지 좋은 용도로 사용하지 않는 사람들에게, '전문가' professional란 다음과 같은 사람을 의미한다:

- 자신이 담당한 역할에 맞는 존중과 스스로의 할 일을 창출해 내는 사람
- 돈과 명성을 위해 일하지만 최소한 자신에게 일을 의뢰하는 사람들보다 훨씬 능력 있게 일하는 사람
- 오랫동안 주어진 직업에 머무르기보다 더 나은 직위를 얻기 위해 승진을 목표로 일하는 사람
- 주어진 8시간의 근무시간 외에 자신의 고객과 개인적으로 관련되

거나, 그의 자신의 전문이 아닌 일을 받아들이기 꺼려하는 사람

- 자신의 사적인 생활과 직업상의 역할을 분명하게 구분할 줄 아는
  사람. 주로 자신의 일터 근처에 살지 않고 특별히 배우자로 하여금
  일과 관련된 일을 명확히 분리하는 사람

- 자신에게 보상을 하는 사람들을 보다 더 많이 돕고, 이로 인해 보다
  더 많은 감사로 보상을 받는 사람

- 비밀을 보장해주고 승진을 위해 필요한 동료들을 만족시키면서 일
  하는 사람

- 자신의 역할을 제대로 발휘하기 위해 인간적으로 다른 사람과 거
  리를 두고 관계하는 사람

- 다른 사람들이 하는 자원 봉사 일을 '아마추어' 라 여기는 사람

기본적으로 이러한 설명이 건전한 소리로 들리는 사람들을 위하여
전문성는 또 다른 의미가 있다. 이들에게 '전문가' 는

- 여러 가지 폭넓은 훈련을 받고 자신이 활동하는 분야에 정통한 사
  람으로 그가 맡은 특별한 일을 훌륭하게 처리할 수 있는 사람

- 전문가적 역량을 발휘해야 할 때, 고객의 안녕을 위해 공식적으로
  자기의 관심사를 포기할 줄 아는 사람

- 비록 자신이 해야 역할이 불쾌한 일이 될지라도, 때로는 자신이 좋
  아하는 일이든 아니든 상관없이, 필요할 때 언제든지 아무 불평 없
  이 믿음직스럽게 일을 감당하는 사람

- 공동체 및 공동체에 속한 사람들을 대표하여 사회가 기대하는 바,
  그만이 할 수 있는 독특하고 핵심적인 봉사를 통해 자신의 존재를

민음직스럽게 인식시키는 사람

- 자신의 동료들에게 그의 능력과 성실성을 보증 받으면서 자신의 존재를 객관적으로 인정받고 보여주는 사람
- 구체적인 사례를 기반으로 모든 일을 분명하게 해석하고 처리함으로써 서비스의 품질 및 사회윤리에 충실한 사람
- 자신의 개성 때문이 아니라, 그가 보여주는 일과 객관적인 능력으로 인해 공동체에서 존중을 받는 사람
- a) 일을 유능하게 처리하기 위해 전임으로 헌신하고, b) 아주 민감한 사안으로 인해 주어지는 특별한 압력 속에서도 도덕적인 책임을 짐으로써 재정적 후원을 보장받는 사람
- 자신이 배운 특별한 지식, 기술, 솜씨를 완벽하게 습득하고 이를 유능하게 관리하는 사람

'직업적 목회'를 평가하는 한 방식으로써 나쁜 기호와 대비하여 좋은 기호를 가려내는 것은 희망적인 업무 방식이 아닌 것 같다.1) 이러한 특성들 중 어떠한 것이 올바른 정의인지, 어떠한 것이 잘못된 정의인지 가려내는 것은 우리가 읽는 사회학 교과서에 의존할 수밖에 없다. 우리의 관심사는 단순히 전문직에 대한 개념이 필요한지 아닌지에 대해 '예' 혹은 '아니오'라고 말하는 것이 아니라 오히려 우리가 '예' 혹은 '아니오'라고 논리정연하게 말하고 싶어 한다는 가정으로부터 자유로워야 한다. 위에서 내린 전문가에 대한 정의는 순수한 이론은 아니지만 주어진 사회적 맥락 속에서 그 나름대로의 입지가 있다. 전문성을 수행한다는 의미가 무엇인지는 그 사회가 기대하는 바에 의해 결정된다. 때때로 이러한 기대는 하나님과 회중이 그 사람에게 부과한 활동 및 역할과 일치

되기도 한다. 그러나 그들이 그 일에 부합하지 못할 때, 교회가 탁월성을 믿지 않게 되는데 그렇다고 이것이 그들을 필요로 하지 않는다는 의미는 아니다.

각 교회에는 적어도 한 사람의 전문 목회자가 있어야만 한다고 말하는 것, 그래서 사람들이 그 사람이야말로 '정말 목회자다워' 라고 규정하거나, 그 교회야말로 '정말 교회다워' 라고 말하는 것은 '그리스도의 충만함'을 이루지 못함을 가장 적절하면서도 정확하게 표현한 것이다. 또 다른 한편, 사도들의 비전에 의해 장로나 교사가 없는 신자들의 공동체 안에서 그 누구도 '성직자' 로 인식된 적이 없이 동료로서 받아들여질 수 있다고 생각하거나 그 어떤 일도 분명하게 정의되지 않아서 주어진 일을 위해 열심히 훈련시킬 수 있는 사람 혹은 그 일을 유능하게 처리하도록 스스로 훈련시킬 수 있는 사람을 받아들이기로 생각하는 것은 비이성적이고 부정적인 의존성이라 여겨질 수 있다.

그렇다고 이러한 '전문성' 을 좋아하는 사람들이 현재 존재하는 형태의 '전문목회' 를 옹호할 것이라고 너무 쉽게 가정하지 말자. 사실 목회가 불행한 일이라서 몇 년 후 '목회질' 을 포기한 사람들은 그들이 가진 전문성을 기준으로 자신들의 목회를 평가하였다. 수많은 상황 속에서 가장 통상적으로 일어나는 목회자의 역할에 대한 이해와 다른 전문직을 규정하는 주변 사회의 이해는 그를 훈련시키고, 그를 고용한 그 개인들의 목회직에 대한 이해와 다르다. 아마도 목회자는 강해 설교를 어떻게 하는지 훈련을 받고 설교를 잘하는 은사가 있을지 모르지만 '그들' 은 행정적으로 교회를 잘 이끌어 나가기를 기대한다. 아마도 목회자가 상담에 대해 많은 준비를 했을 수도 있지만, '그들' 은 준엄한 말씀을 기대한다. 아마도 목회자는 성서를 이해하는데 있어서 학문적인 훈련을 잘 받았을지 모른다. 그러나 정말로 '그들'이 원하는 것이 이러한 주해 설교일까? 아마도 목회자의 관심사가 자신이 속한 교회의 장년들이 세상에서 보다 더 윤리적이고 사회적 영향력을 끼치며 살기를 원하는 것이어서 그들이 직업을 선택하는데 보다 더 윤리적이고, 값비싼 비용을 치르기 원할지 모른다. 그러나 '그들'은 보다 젊은 층과 노년층의 사람들에게 더욱 많은 관심을 기울여주길 원한다. 이러한 예들이 지적해 주는 바는 '그(목회자)의' 기대가 올바른 반면, 구성원들의 기대가 잘못되었다는 것을 말하고자 함이 아니라, 대부분의 단독목회의 '업무 내용'이 진정한 전문직을 규정할 정확한 필요와 명확성이 결여되어있다는 것을 말하려는 것이다.

이러한 사실은 만약 이전에 단독 목회 유형이 필요하지 않았더라면, 현대 사회의 점증하는 복잡성에 의해 필요했던 잦은 논쟁 결함과 똑같은 것으로 간주된다. 어떤 사람들이 주장하듯 예전에 농부들이 자신의 밭을 가는 것에서 설교가로 부름을 받았었다는 사실이 문제가 되었을 수도 있다. 왜냐하면, 거기에는 나머지 사회가 요구하는 전문성이 그다지 많아 보이지 않았기 때문이다. 그러나 지금 우리는 모든 사회적 역할들이 보다 더 분명하게 나뉘어져 있고 고도로 전문화되어 있는 도시화 사회에서 살고 있다. 그렇다고 상당히 높은 목회의 전문성을 소개하는 것이 책임감에서나 의식적으로 적절하지 않다고 할 수 있을까?

그러나 이러한 논쟁이 갖는 결함은 직업목회가 전문화되어야 한다는 전제에 있다. 직업 분석 용어를 사용하여 이를 좀 더 자세하게 살펴보든, 우리가 신약성서에서 발견하는 사역의 목록들과 대조하여 보든, 현대 사회가 요구하는 팔방미인 격의 '목회 역할'은 정확하게 전문성을 요하지 않는다는 사실이다.2) 교회가 필요로 하는 목회는 누가 되었든 한 사람의 책임 하에 수많은 일을 가지고 함께 모이는 것과 관련되어 있는데, 이는 신약 교회가 수많은 사람들이 폭넓게 공유했던 것으로 아마도 그 당시 사람들은 전체 일을 시행하는데 별로 유능하지 않았던 반면, 최근 평균 신학대학원생들이 모든 것을 다루도록 하는 것보다는 훨씬 더 유능했던 것 같아 보인다.

시골에서 한 농부가 목회 사역을 함께 감당하도록 부름을 받았을 때, 이것이 의미하는 바는 그 농부가 다른 농부들을 돌보아야 했기 때문에, 이것을 고도의 전문적인 일이라고 주장할 수 있을 것이다. 우리 시대의 회중이 교육적, 전문적, 사회적, 심리학적 다양성을 가진 사람들로 구성되었을 때, 일을 처리하는 적합성에 대해 일반적으로 고려하는 것은 보다 더 다양한 역할과 유형들을 요구할 것이다. 그의 교육적 배경과 그가 가진 독특한 일에 의해 회중의 그 누구도 갖지 않은 직업과 배경을 함께 공유하지 않는 어떤 한 사람의 손에 대부분의 기능들이 집중되어 있다.

사회학적 의미로 '전문가' 라는 정의를 좀 더 자세하게 살펴보면, 세상 속의 교회에 대한 특별한 질문들을 제기해 보아야 할 것이다. 만약 우리가 이미 언급했던 관점으로부터 보다 더 객관화된 사회학적 정의를 따져본다면, 전문가에 대해 다음과 같은 여덟 가지 결정적인 특징을 발견하게 될 것이다.

1. 재정적으로 충분히 후원을 받는 전임사역. 이미 우리는 왜 전임사역이 쉽게 변해서는 안되는지 그 이유를 제시하였다. 그러므로 목회의 정의가 받아들여지지 않는 한, 특별한 상황의 목회를 거부할 필요는 없다.

2. 보다 분명하게 정의할 수 있는 준유사 기능. 그러니까 회중으로부

터 더 많은 재정적으로 후원을 받아야 하는 것이 현실이며, 거의 모든 목회에 적용되는 현실이다.

이상의 두 가지 '직업'이 갖는 특징은 목회를 보다 더 넓은 사회에서 인정받는 전문직이라는 형태로서 들어서지 못하게 한다. 아마도 원칙에서 벗어나는 것이겠지만, 굳이 질문을 한다면 그러한 하나 이상의 직업이 있는지 물어야 할 것이다. 즉 신학자, 상담가, 예배 인도자, 교육 담당자, 그리고 회중의 전체 프로그램 담당자들의 기능들이 한 사람이 모든 것을 담당하는 팔방미인으로 자리하여 이러한 분명한 정의가 불분명해지지 않도록 주의해야 한다. 어떻게 전문가의 역할이 그들의 목회를 인정하는 확고한 구조로서 비전문 목회를 인정해 줄지 물어야만 한다.

그러나 '전문직'이라는 정의를 표준화된 특색 중 어떤 것들은 교회에 쉽게 적용 · 통합할 수 없다.

3. 전문직은 사회 전체 사람들 혹은 사회 내에 있는 개인들을 섬기기 위한 가장 자연스런 사고방식이다. 변호사는 법률사무소에 전임으로 고용될 수 있다. 그러나 이것은 예외적이다. 의사 특히 국립 병원에서 일하는 의사 또한 매우 예외적인 전문직이다. 그렇지만 이들은 가장 자연스럽게 자신의 전문지식을 다른 사람들을 위해 사용할 수 있는 전문인들이다. 보통은 사고를 당한다든지 아프게 될 것이라고 계획하는 사람은 없기 때문에, 정형외과 의사를 고용하거나, 유언장 작성을 위해 변호사를 항상 고용하는 것은 논리적이지 않다. 이러한 전문 서비스는 전체 사회를 위해 혹은 이들을 필요로 하는 개인들을 위한 것이기 때문에, 변호사 혹은 의사들의

서비스는 가능한 이념이나 신학으로부터 자유로와야 한다.

4. 전문가들은 그들이 속한 공동체가 요구하는 봉사와 부합되지 않는
   신학적·도덕적 신념과 동떨어져 있어서는 안된다. 수혈을 반대
   하는 여호와의 증인들은 수술의사가 될 수 없다. 공산주의자들은
   법인 법률회사에 소속될 수 없다.

전체 공동체가 요구하는 이념적 지표를 따라 섬겨야한다는 이러한
의존성은 전문가로서 기독교 '목사'가 보여주어야 할 모습과는 완전히
상충되는 것이다. 전체 사회를 위해 그를 지지한다는 것은 그가 선교적
인 소수를 위해 헌신하는 신학자가 되어서는 안 된다는 것을 의미한다.
그러니까 이는 예언으로 "이스라엘을 괴롭게 하는 자"가 되도록 부르심
을 받았을 때, 사람들이 경험할 질병과 긴장을 달래주도록 기대되는 '종
교주의자' 로서 사회적 임무를 쉽게 받아들여서는 안 된다는 것을 의미
한다.

5. 전문적인 역할은 단순히 다른 사람들 보다 더 중요한 역할을 수행
   하는 사람으로 개별화시켜서는 안 된다. 전문적인 역할은 고객을
   개인화시키는 경향이 있다. 왜냐하면, 의뢰인이 상담가 혹은 고해
   신부에게 개별적으로 찾아오는 모습은 하나씩 차례로 일어나기
   때문이다. 문제나 필요는 구조적인 것이 아니라, 개인적인 것으로
   써 보여진다.

6. 직업이 더 전문화될수록 전문가의 서비스를 필요로 하는 사회는
   그들을 평가하기 꺼려한다. 나는 내가 사고 싶은 식료품을 사기 위
   해 가게를 마음대로 선택할 수 있다. 경쟁적인 시장 안에서 적절한

서비스를 제공하는 곳을 내 마음대로 선택할 수 있다. 그러나 나는 충분한 경험이 없기 때문에, 내가 어디에서 뇌수술을 받아야 하는지, 형사재판을 위해 변호사를 어디에서 찾아야하는지는 쉽게 선택할 수 없다. 그러므로 전문인을 구하기 위해서는, 그것을 구조화시킨 사람도 아니고, 법제화시킨 사람도 아니고 의뢰인들에 의해서도 아닌, 현존하는 동료들이 어떻게 이야기 하는가 살펴보는 것이 가장 적절한 방법이다. 즉 동료 전문인에 의해서, 의사 단체에 의해서, 그리고 협회에 의해서 소개되는 것이 일반적이다. 이와 같이 어떤 방식에 있어서 전문 성직자들의 자기 이해와 소위 존중받는 일을 행한다는 이들의 감각은 그들을 고용한 회중에 의해서라기보다는 교단 교회를 섬기는 동료들의 작업 방식과 가치에 의해 결정된다.

만약 이러한 논리를 신자들의 교회에 적용하고자 한다면, 이상의 세 가지 항목이 말하는 전문가의 개념은 다시금 점검되고 수정되어야 한다. 만약 기독교 공동체가 그 사회와 공존하는 단체가 아닌 선교적인 소수라면, 교회에서 섬기는 종들의 임무는 전체 사회의 합의를 따라야 할 것이 아니라, 소수의 가치에 의해 정의되어야 한다. 어떤 면에 있어서 이 두 개의 서로 다른 공동체가 갖고 있는 가치들을 동시에 지킨다는 것은 한 사람에게 불가능한 일을 동시에 하라는 것과 같다. 그러므로 여러 인종이 혼합되어 있는 상황의 한 회중은 자신들을 위해 일할 사람을 고용할 수도 있다. 그러나 또 다른 면에 있어서 이 두 개의 공동체의 가치들은 서로 상반될 수 있다. 예를 들어 퀘이커들은 특전부대Green Beret의 군목으로 일할 수 없게 되어 있다. 공식적인 입장을 표명하기 위해서, 일반적으로 전문인들의 봉사는 의도적으로든, 이념적으로든 중립을 지켜야 한다. 반면 기독교 목회자들의 생각은 신학적으로 당파성을 지녀야만 한다.

교회 방침의 상세함은 단순히 가치 및 헌신과 관련된 전문가의 개념까지 다시 형성하게 할 뿐 아니라, 그 통치 방침까지도 회중적이어야 한다. 자신에게 주어진 임무에 대한 개신교 목사들의 견해는 자신들이 속해 있는 공동체의 성직자, 랍비, 목회자 협회에 의해 규정되기 때문에, 그가 섬기는 특정한 회중과는 별도로 그 견해가 그를 이끌어 간다. 이러한 임무에 치중하도록 하는 그의 견해는 자신이 속한 회중의 기능 속에서 그다지 특별한 것이 되지 못한다.

7. 전문가로서의 기능들은 상호교환적인 특성을 가진다. 전문가들의 기능들이 같은 일을 하는 사람들에 의해 관리되는 동일한 유형을 갖게 되는 이유는 통일된 제품처럼 공식적으로 인정받는 것이 전문가들에게 최상의 것이기 때문이다. 안과 의사나 컴퓨터 프로그래머 혹은 고등학교 독일어 선생님은 그들이 어디에서 일을 하든지 간에 거의 같은 일을 수행한다. 만약 한 사람이 사직하면, 이들을 필요로 하는 고용인과 의뢰인은 같은 자리에 또 다른 사람을 금세 고용할 수 있다. 물론 두 사람의 전문인은 완전히 다른 사람이다. 그러나 그들이 제공하는 서비스는 거의 같다. 이러한 상호교환적인 특성은 단순히 능력의 공공성과 특정성을 보장해 줄 뿐만 아니라, 이러한 전문직 내에 존재하는 기동력을 증진시켜준다. 이처럼 개인과 그들이 속해있는 기관의 이익을 동시에 만족시켜주는 것이 바로 전문가들에게 요구되는 기능의 상호교환성이다.

이러한 전문화의 면모는 모든 교회들이 궁금해 하는 질문이기도 하다. 전문적인 '업무 내용'이 개인의 성격적 독특성을 고려하지 않는 만큼, 전문성은 그 사람이 갖고 있는 천재성을 약화시킨다. 사람들이 기대하는 역할에 부응하면서 자신을 충실히 지켜나가는 일이 어떤 사람들에게는 가능하지만, 대부분의 많은 사람은 은사의 교리가 제시하는 바 각 사람의 독특성을 따라 하나님을 섬기기를 원한다. 이는 개인을 위해서나 교회를 위해서나 모두 필요한 일이다.

두 번째로 전문화가 표방하는 기동성 내에서, 전문가는 수많은 신약성서의 목회적 장점들을 희생시킨다. 신약성서가 말하는 목회는 회중으로부터 시작된다. 언급된 자질들은 특별히 지역 교회를 위해 주어진 목회 임무를 위해디모데전서 3장, 디도서 1장 목회적 자질들은 개인적으로 서로를 잘 아는 공동체 안에서만 측정가능하다. 순회하는 목회자들이 있지만, 이미 존재하는 회중의 핵심기능들까지 그들에게 위임하는 것은 아니다. 순회사역은 '목자' shepherd와 그 양떼 사이의 간격을 멀어지게 할 뿐만 아니라, 목회자가 몇 년 뒤 다시 떠날 것이라는 가능성 때문에 더 멀어지게 된다. 이러한 것은 자신들을 위해 헌신해 주리라 기대했던 목회자에 대한 회중의 신용을 떨어뜨리게 할 뿐만 아니라, 문제들이 발생할 경우 문제를 해결하기 보다는 문제들로부터 도망가게 만드는 경향을 띤다. 그 결과 무엇이 정말로 잘못되는 것인지 제대로 알지도 못한 채, 같은 목사가 여러 교회 앞에서 끊임없이 자신의 약점을 드러내 고통스럽게 하거나, 혹은 한 교회가 여러 목회자 앞에서 끊임없이 약점을 드러내 고통스럽게 하는 결과를 초래한다.

8. 전문가는 아마추어 정신을 위축시킨다. 전문성을 요하는 임무의 여러 가지 측면들은 모든 일을 한 사람 즉 전문가가 맡아서 할 때 최상의 것이 될 것이라고 추측한다. 이러한 개념에 따라, 만약 다른 사람들과 함께 일을 나누어서 한다면 그 자신의 일은 잘 끝마칠 수 없을 수도 있고, 일의 여러 부분이 분리되다 보면 그다지 유능하지 못한 사람이 될 수도 있다. 한 사람에 의해 다양한 임무들을 하나로 묶는 이러한 중앙통제 방식의 일은 분명히 바울이 이야기한 몸의 개념과 정면으로 배치되는 것이다. 바울이 다양한 목회에 대해 지적한 것은 보다 일을 빨리 끝마치기 위함도 아니고, 한 사람으로 하여금 많은 일을 하도록 유도하기 위함도 아니다. 사람들로 하여금 기관을 후원하도록 하기 위함도 아니며, 자신들의 목소리를 내기 원하는 평신도들에게 민주주의를 가르치기 위함도 아니다. 이러한 모든 요소들이 사실이기는 하지만, 이러한 것이 핵심은 아니다. 정말로 바울이 지적하고자 했던 것은 각자 한 사람 한 사람이 자기의 은사대로 임무를 보다 잘 감당하는 것이다. 소화를 시키는 위가 눈의 역할을 감당할 수 없다. 마찬가지로 소리를 듣는 귀로 냄새를 맡는 코의 역할을 대신할 수 없다. 아무리 되려고 노력한다 해도 귀는 어설픈 형태의 코조차 될 수 없다. 그것은 전혀 코가 아니기 때문이다. 한 사람이 무엇인가 강력하게 촉구해야만 하는 예언자도 되고, 동시에 온화한 모습으로 교회를 다스리는 장로가 될 수 없다. 마찬가지로 과거에 아주 편한 모습으로 교사의 일을 감당하던 사람이, 결코 같은 마음을 갖고 자신의 언어로 현대 세상을 향해 설교를 잘하는 전도사가 될 수 없다. 한 사람이 이러한 모든 것을 충분히 수행해낼 만큼 시간이 충분하지도 않다. 각각

의 일을 올바로 처리하기 위해서는 서로 다른 개성이 필요하다. 섬기는 일로 하나님의 부름 받았다고 생각했던 목사들이 교회를 떠나게 되는 것은 거기에 정확하게 정해진 역할이 없기 때문만이 아니라, 실제로는 서로 양립할 수 없는 너무나도 많은 역할들이 존재하기 때문이다. 공동체 내에 존재하는 이러한 문제를 가장 명확하게 제시해줄 해결책이 바로 경험 있는 사람들로 하여금 지역 교회의 장로–목사–감독이라는 직책을 감당하도록 한 것이다.디모데전서 3장 4절 특별한 업무 내용에 따라 훈련받은 자격 있는 젊은 외부인으로 이러한 직책들을 감당하게 할 수 있겠지만, 그것은 최후의 방법이다. 이 점에 있어서 두 가지 증거를 댈 수 있다. 만약 한 사람이 모든 임무를 감당하지 못한다면 '목양'의 상황은 더 나지지 않을 것이다. 만약 한 사람의 목사에게 회중의 몸 된 지체들을 위해 전임설교자, 교사 및 심방의 일이 주어진다면, 그는 외부 세상에 대처하기에 가장 검증이 안 된 사람일 것이다.3) 만약 유용성의 일부분이 '사람들이 목회자에게 기대하는' 도덕적 권위에서 온다면, 그것은 비공식적으로 목회자를 바보스럽게 만드는 일이 될 것이다. 만약에 목회자가 거룩한 말씀을 고집하는 권위적인 성서해석자라면, 비지시적 상담가로서는 적합하지 않을 것이다. 운전을 할 때, 가속 페달과 브레이크 페달을 동시에 밟을 수는 없다. 마찬가지로 같은 사람이 회중들을 흥분시키면서, 동시에 평화를 위한 조정자가 될 수는 없다. 또한 사람들을 흥분시키는 예언을 선포하면서 동시에 비지시적인 언어로 상담할 수 없는 일이다. 다음은 어딘가에서 논의될 수 있는 또 다른 내용들로,

– 한 사람에게 해야 할 일이 너무나 많은 경우

– 모든 성직자들이 모든 일을 잘하는 것이 아니며, 어떤 일들은 그
  일에 자격이 있는 사람이 있다는 생각

– 보다 많은 사람들이 적극적으로 일할 때와 자신들에게 필요한
  것이 무엇인지 잘 알 때, 관심이 가장 증대된다는 생각이다. 그
  러나 여전히 보다 더 큰 피해를 주는 상황을 진지하게 고려해야
  하는데, 그것은 여러 가지 필요한 역할을 한 사람으로 다 채우
  려 드는 경우일 것이다. 만약 한 사람에게 모든 일을 맡기면 그
  가 다른 사람이 해야 할 일을 서서히 잠식해나가고, 결국 목회
  자의 자기 이미지와 공동체에 대한 그의 비전마저 모두 잠식해
  버리고 말 것이다.

추가설명

(A) 조지 웨버George W. Webber의 『인간 세상 속에 있는 하나님의 자치
구』*God's Colony in Man's World*(New York: Abingdon, 1960)라는 책의 74쪽에
다음과 같은 글이 실려 있다.

> … 이 책을 매우 친숙하게 읽어 나갈 수 있는 회중이라면, 그 회중
> 안에는 목회자가 되기 위해 전능하신 하나님에 의해 부름을 받은
> 감수성과 연민이 넘치는 사람들이 존재할 것이다. 이들이야말로
> 실제적인 능력을 소유한 사람들로서 소위 말하는 성직자들이 갖고
> 있는 능력을 훨씬 능가하는 진정한 목회자들이다. 그들이 무슨 교
> 과목을 이수했는가? 여름에 무슨 전문 훈련을 받았는가는 상관이
> 없다.

(B) 윌리암 리William C. Lees, 선교사, "선교에 대한 이차적인 생각" *Second Thoughts on Missions*, 마닐라의 인종에 관한 기독교 연구소the Christian Institute for Ethnic Studies가 발행하는 「Bulletin」이란 논문집에 다음과 같은 글이 실려 있다.

정글에 사는 내 친구에 대한 이야기를 들려드리겠습니다. 그는 155cm의 키에 원숭이 코를 한 친구입니다. 그의 머리에는 두 개의 야생 곰 엄니가 둥근 귓불을 찌른 채 옷걸이처럼 걸려있습니다. 귀에는 청동으로 되어 있는 귀걸이가 잔뜩 걸려있습니다. 아주 어린 시절부터, 귓불 아래 부분을 잡아 늘여서, 그의 귓불은 제 귓불보다 5cm는 더 길지요. 그가 입고 있는 옷이라고는 허리부분을 달랑 감싸고 있고, 목 주변의 꽃 줄 몇 개와 발목 아래에 걸려있는 까만 풀줄기가 전부입니다. 그는 간신히 글을 읽을 수 있습니다. 이것은 그가 복음서를 통해 문맹을 깨우치게 된 엄청난 성과입니다.

아마도 제 친구에 대해 생각하신다면 과거 '보르네오 섬 출신의 원시인'의 기괴한 모습을 떠올리기 쉬울 것입니다. 그러나 사실은 이 친구가 바로 그곳의 목사이자, 그 곳에서 유일하게 성서를 읽을 줄 아는 사람입니다. 제가 강력하게 주장할 수 있는 것은 이 친구야말로 정말 더할 나위 없이 훌륭한 목사라는 점입니다. 그는 성서 대학은 말할 것도 없고, 일반 학교의 문턱도 들어가 보지 못했습니다. 그가 갈 수 있는 학교는 아예 존재하지도 않았습니다. 그러나 그는 성령님께서 비추어주시는 작은 빛에 주저함 없이 순종하는 사람입니다. 그렇게 하나님은 자신의 약속을 지키시고, 그에게 더

많은 이해력을 주셨습니다. 요한복음 7장 17절

만약 우리가 특정한 형태의 옷을 입고 있는 사람을 목사로 생각한다면, 그리고 이 세상의 일반 교육과 종교교육을 마친 어떤 사람을 목사로 생각한다면, 우리가 생각하고 있는 추측들로 인해 제가 지금 막 설명했던 말레이시아의 켈라비츠Kelabits 부족들을 하나님 앞으로 나오지 못하게 막았을 것입니다. 왜냐하면 이런 기본적인 생각이 성령 하나님께서 이 친구에게 주신 은사를 인정하지 않는 것이기 때문입니다. 이 친구는 정말로 목사의 은사를 갖고 있습니다.

우리가 해야 할 보다 중요한 일이 있다면, 하나님께서 이들에게 필요한 목사를 보내주셨음을 인정하는 일과 기도하는 일입니다. 목사로서의 은사는 유목생활을 하는 페난Penan 정글에서도 충분히 발견될 수 있습니다. 그가 나무껍질로 만든 허리부분만 달랑 가리는 옷을 입고, 입으로 불어 과녁을 맞히는 독침을 지닌 채, 길도 없는 보르네오의 열대 원시림를 넘나들면서 자신 만의 방법으로 목회를 하고 있다는 사실을 우리가 절대로 혐오해서는 안 될 일입니다. 더 나아가 서구식 방식에 속지 않도록 해야 할 것입니다. 예를 들어 내가 아는 두던Dudun은 아주 조용한 사람입니다. 그래서 그는 자기 자신을 잘 드러내지 않은 채로 자기 집을 자주 떠나곤 합니다. 이러한 그의 행동은 끊임없이 나를 놀라게 합니다. 그러나 이 사람은 행정가로서의 은사를 갖고 있었으며, 자신이 머물고 있던 던선Dunsun 지역의 여러 교회로부터 인정과 신뢰를 받은 사람입니다. 그는 아주 훌륭한 성서교사이기도 합니다.

만약 이러한 성령의 은사들이 내가 일하고 있는 부족 가운데에서 보이지 않았다면, 그것이야말로 내 잘못이라고 생각했을 것입니다. 불신의 죄 때문이든, 나는 기도를 잘 하지 못했습니다. 한참 후에까지 나는 이러한 은사를 받은 사람들을 인정하지 못했고, 격려해 주지 못했고 그들에게 자리를 내어주지 못했습니다.

다른 선교사들처럼, 나는 하나님께서 내 부족에 속한 형제들을 나보다 더 훌륭한 설교가와 교사들로 일으켜 세워주실 것을 기대합니다. 하나님께서는 자신의 은사를 여러 다른 능력을 따라 사람들에게 주셨습니다. 그는 정말로 적절하게, 그리고 어떤 때는 차고 넘치도록 이러한 은혜를 내려주십니다. 은사를 개발하는가 하지 못하는가 하는 것은 이들 중에 함께 기도하고 일하도록 부름을 받은 우리들의 기대와 태도에 달려있습니다.

---

1) '전문가 주의'를 제대로 평가하기 위해서는 사회학자 저스투스 프레이택(Justus Freytag)이 사용했던 조사 방법이 최상의 것이라 여겨진다. (참고자료를 볼 것) 그는 강점과 약점을 상당히 객관화시켜서 목록을 작성하였다. '현대 사회에서 사람들은 목회의 기능이 전문적인 형태를 띠고 제대로 수행되는지 아닌지 생각하지 않을 수 없다'는 것이 그의 결론이다.

2) '목회'에 있어서 '전문가'라는 개념이 우리 사회에 속한 사람들로 하여금 보다 더 많은 훈련을 받고 지역에서 봉사하는 일을 하는 사람들을 좌절하도록 특별한 문제를 일으킨다는 사실에 대해 언급하는 한편, 이러한 좌절감들은 논쟁의 핵심이 되지 않고 있다는 점을 강조하고 싶다. 진정한 섬김 또한 쉽게 좌절된다. 대부분 사람의 일은 별로 만족스럽지 못하다. 목회의 역할을 감당하는 사람들은 아마도 영적으로 혹은 정신적으로 우월감을 가진 사람들로 여겨지고 받아들여지면, 자신들의 역할을 잘 처리할 수 있도록 다른 사람들에게 잘 맡기려 들지 않을 것이다. 이 연구가 갖는

관심은 현대 목회 역할이 관리의 차원에서 제대로 기능을 목하거나 수행이 불가능
하다는 방식에 대해 논의하려는 것이 아니라, 어떻게 현대 목회 역할이 다른 사람들
의 은사를 강탈해 갔는지 보여주는 것이다.

팔방미인 격의 절대 군주적 목회에 대해 우리가 견지하고자 하는 바는 현재 '목사
들'에 의해 수행되는 특별한 임무, 혹은 정말로 고귀하고 드물게 시행되는 목회임무
를 거부하고자 함이 아니다. 잘못된 것은 공동체가 이러한 임무를 그들에게 위임한
것이 아니다. 정작 잘못된 것은 한 사람의 업무 내용 안에 모든 것이 혼합되어 있다
는 점과 그들 중 어떤 사람들은 그 목사의 '안수'를 인정하지 않는다는 점이다.

3) 이것은 아마도 필립 마우리(Philippe Maury)가 그의 책 *Politics and Evangelism*
(Garden City, NY: Doubleday) 1959, p. 33에 기록했던 의미인 것 같다. '고용되
어 급여를 받는 성직제도를 실행하는 것이 복음주의에 얼마나 해로운지 아무리 과
장해도 지나치지 않을 것이다.'

7. 원시주의냐 진보냐?

2세기 초, 이그니티우스 시대에는 감독이라는 특별한 목회 유형이 이미 목회의 표준으로 자리 잡고 있었다. 몬타누스Montanus 시대인 2세기 말에는 이미 자리 잡고 있던 목회 유형이 사도들이 보여준 기독교의 역동성을 잃어간다는 지적과 함께 신랄한 비판이 가해졌다. 이처럼 목회와 교회 질서라는 주제는 보다 교의적인 내용으로 정리되기까지 여러 세기에 걸쳐 보다 '교리적인' 질문들을 통해 도전받고 형성되었음을 쉽게 알 수 있다.

16세기가 되었을 때, 관심사의 전환이 이루어지면서 '오직 성서로'라는 표어가 교리나 제도에 있어서 맹위를 떨쳤다. 개혁주의와 성공회 계통의 교회는 교회 질서를 성서적 개혁이라는 범주에 포함시켜놓았고 신약성서의 실천예식들을 추구하였다. 칼빈은 사도적 실천을 직접 모방하여 '사중적 목회'라는 자신의 관점을 확립하였다.1) 한편 츠빙글리와 루터는 외부적인 구조는 신학적으로 차이가 없다고 여기고 실천적인 가치에 의해 운영되도록 하였다.

백인이 주류인 교회에서 신약성서의 질서를 회복하기 위해 가장 폭넓게 응용된 것은 목회에 관한 내용이 아니라, 급진적 침례교 및 미국 중서부 및 남부지역의 제자교회가 소위 '회복' 이라는 구호아래 취하였던 회중교회주의congregationalism였다.

그 외, 다른 시대에 나타났던 특별한 사회구조들을 '원시주의자들' 의 관점이라는 경멸적인 이름을 붙여가면서까지 다시금 자세하게 소개하는 것은 가능하지도 않고 바람직하지도 않다. 그렇게 딱지를 붙이는 것은 매우 어리석은 일이다. 이러한 것은 왜 설교가 성서적이 되어야만 하는지, 혹은 왜 교리가 성서에 의해 검증되어야만 하는지, 그리고 왜 교회의 질서는 성서에 의해 검증하려 들지 않는지 설명하려드는 우리에게 아무런 도움을 주지 못한다. 사람들이 쓸데없이 추측하지만 않는다면, 루터는 사회적 질서와 교리적 질서 사이에 존재하는 차이를 구분하는데 있어 성서의 가르침을 정면으로 반대했던 사람이다. 왜 교회 질서를 이야기 할 때, 신약성서가 제시하는 기준을 따르지 않아도 되는 것처럼 가정해야만 하는가? 이처럼 그것이 올바르다는 분명한 증거도 없으면서, '원시주의자들' 이라고 이름을 붙이고 그 입장이 잘못되었다고 하는 것은 더 이상 논리적이지 않다.

마치 그것은 교회의 형태에 있어서 합법적인 변화가 있는가, 없는가에 모든 것이 달려있는 것처럼 질문하는 격인데 이는 근본적으로 사기성이 농후한 행위이다. 오히려 우리가 던져야할 질문은 어떠한 변화가 좋은 변화인가? 어떠한 변화가 합법적인 변화인가? 그리고 교회의 본질로부터 멀어지게 하는 다른 변화가 있는가? 혹은 변화가 교회의 본질을 부인하고 있지는 않는가 하는 것이어야 한다. 질문이 이런 식으로 진행될 때, 로마 가톨릭을 포함한 모든 기독교 전통이 신약성서로 하여금 역사를 제대로 점검하고 올바른 판단을 내리게 할 수 있다는 입장에 동의할 수 있을 것이다. 그러므로 우리는 아주 분명한 입장을 표명하는 문서로서 '신약성서가 제시하는 유형'이 있는지 없는지 질문할 필요도 없고, 그러한 유형을 우리가 사는 시대에 다시금 재생산해낼 만한 가능성이 있는지 없는지에 대해 궁금해 할 필요도 없다. 오히려 우리는 여러 세기 동안 교회들이 한 가지 유형에서 또 다른 유형으로 이동해 왔던 변화들은 과연 신약성서의 실례이거나 가르침인지 비교하고 대조해 봄으로써 제대로 된 근거를 갖고 있는지 아닌지 물어 볼 필요가 있다.

신약성서가 제시하는 다수에 의한 목회가 분명함에도 단독 목회 유형의 '유연성'에 초점을 맞추게 될 때, 토론은 더욱 더 혼돈스러워진다. 여기에서 유연성이란 상황에 적응하거나 상황을 변화시키는 능력을 의미할 수 있다. 즉 이것은 젊은 사도적 교회가 가졌던 그 무엇을 의미하는 것이다. 그러나 '유연성'은 전체 그림을 볼 수 있는 아무런 기준도 없고, 무엇이 좋고 무엇이 나쁜지 판단할 수 없는 아무런 평가기준도 없이 무작정 책임을 떠맡아야 하는 변화의 상황 속에 있다는 것을 의미할 수도 있다. 이렇게 될 때, 이 유연성이란 결국 무책임과 동의어이며, 실제적인 원인들을 검증하지 못하는 변화들을 감추는데 일조한다. 그러나 단독 목회 유형에 대해 주장하는 사람들이 그 어떤 것보다 확고한 의미로 '유연성'이라는 말을 사용한다면 상황은 보다 더 의심스럽게 된다.

신약성서가 보여주는 실례와 가르침을 언급하는 것은 단순히 그것이 제안된 변화들에 대한 적절성에 있어서 유용한 기준이 되기 때문만이 아니다. 특별히 신약성서의 예와 가르침은 핵심적인 것과 그렇지 않은 것을 구별해주도록 안내하기 때문에 매우 중요하다. 목회의 사도적 유형에 대해 신약성서가 암시하는 바는 없다. 이는 목회의 사도적 유형이라는 것 자체가 성서저자들에게 핵심적인 내용이 아니고, 부수적인 내용이라는 점, 그리고 여러 가지로 유연성에 대한 관점에 일치하는 것이 없다는 점에서 매우 충격적이다. 히브리서는 전체적으로 개관해 볼 때 제사장 됨의 목적에 대한 내용이 중심을 이루고 있고, 고린도전서 12장에서 14장에 나타난 중심주제는 교회 내에 존재하는 은사의 다양성이고, 에베소서 4장의 중심주제는 '그리스도의 온전함'으로 교회 내에 존재하는 다양성 안에 일치를 추구하는 것이다. 그렇다면 이러한 성서 본문을 종합해 볼 때, 복수 목회의 의미에 대한 사도들의 해석은 단순히 사회적으로 최적의 관리체계가 무엇인지 찾고자 하는 현실적인 사안에 대해 임시방편의 해결책을 찾는 식으로 문제를 다루지 못하도록 금지하고 있는 셈이다.

지금 수행하는 이 연구에서 1세기 그리스도인들의 사상과 삶을 담고 있는 문서로서 신약성시를 언급하는 것은 신약성서가 아주 쉽고 명확하기 때문이다. 성서에 나타나 있는 초대 교회는 목회와 교회 질서에 있어서 기독교국가체제Christendom로 인해 찢겨진 여러 조각들을 하나하나 동등하게 접근하게 하는 하나의 패러다임을 갖고 있을 뿐이었다. 우리가 알고 있는 신약 교회가 실천했던 계시적인 권위의 질을 생각해 볼 때, 그 의견과 신조에 대한 헌신의 정도는 다양하게 나타날 수 있을 것이다. 그렇지만 저마다 하나의 독특한 패러다임을 갖고 있다는 사실을 부정할 수는 없다. 사실 우리는 초대교회의 권위가 계시에 의한 것이었든 역사적인 것이었든, 그들의 사상과 실행이 확신에 찬 것이든 부정적인 것이든 별다른 추측 없이도 초대 교회의 목회와 교회 질서에 대하여 사도들이 어떻게 생각하고 어떻게 행하였는지 기록을 통해 잘 알 수 있다.

피터 왈도Peter Waldo로부터 칼빈과 아나뱁티스트, 그리고 존 웨슬리와 캠벨Campbell을 거쳐 현대 근본주의에까지 이어지는 기독교 전통의 한 흐름은 이러한 신약성서 '유형'의 '복원 restored'을 추구해 왔다.2) 이러한 접근방식은 아마도 매우 순진한 축에 속하겠지만, 꼭 그렇게만 보아서는 안 된다. 현재 제시하고 있는 개관은 대화에서 교회연합을 추구하는 '회복주의' restitutionist 진영을 제외시키지 않은 모습으로 기록되어 있다. 이것은 그러한 '회복'이 얼마나 정확하며 과연 그렇게 생각해야만 하는 것이 어떻게 가능한지 알 수 있는 특별한 관점이 있다고 전제하는 것이 아니라, 보다 더 나은 관점과 동떨어진 채 특별히 우리가 개발해야할 필요성이 있는 논쟁들을 무비판적으로 받아들이지 않도록 우리 스스로를 구속하기 위함이다.

'신약성서에 나타난 유형'에 대해 언급할 때, 상당한 매력을 끄는 또 다른 형태는 '타락한' 가톨릭교회가 지배적인 우위를 점하는 가운데에서도 여러 세기 동안 끊임없이 신실한 모습을 지켜온 지하교회라는 개념이다. 이러한 신실한 교회는 몇몇 메노나이트 교회나 형제교회 그리고 랜드마크 침례교단Landmark Baptists와 그리스도의 교회Churches of Christ들로 역사가 루드빅 켈러Ludwig Keller와 브로드벤트E.G. Broadbent가 견지하는 관점이다. 공식적으로 이러한 교회는 '회복'이나 '복원'과는 정반대의 개념을 갖고 있다. 그렇지만, 이 두 가지 접근방식은 쉽게 인식할 수 있고 변치 않는 교회유형과 같은 순수한 유형으로 공유되고 있다.

이 순진한 회복주의운동보다 더 혼란스러운 유형이 있다면 대책 없이 변화를 추구하는 사람들이 신약성서의 언어를 별 생각 없이 현대화시켜 놓은 유형이다. '복음주의자' Evangelist들은 에베소서 4장 11절과 디모데후서 4장 5절이 오늘날 무엇을 의미하는 것인지 이해하지 못할 것이다. 그리고 사도행전 21장 8절에 기록되어 있는 '집사들'이라 불리는 일곱 사람들 중 한 사람인 빌립에게 적용된 직분을 제대로 이해할 수 없을 것이다. 치유의 은사는 약을 사용하는 것을 의미하지 않는다. '예언자적 직무'란 현대적인 용법만큼 세상에 향해 말하거나 정치인들에게 말하는 것을 의미하지 않는다. 우리가 모일 때 보이는 그러한 증거는 성서에 있는 회중과 복수 감독들을 현대 교구 감독의 뿌리로 인정하지 않는다. 사도들 혹은 그의 대리인들디모데, 디도이 보여준 그 어떤 감독적인 직책의 근원이 어디에서 시작되었는지 알 수 없다.

이러한 순진한 회복주의 운동에 대한 답을 순진한 진화론과 동등 선상에 놓고 이해해서는 안 된다. 사람들이 신약교회 안에서 하나의 완벽하고 변하지 않는 유형을 찾을 수 없다고 해서 교회 질서를 위한 지침이 신약성서에 없다는 의미는 아니다. 그렇게 생각하는 것은 예식이나 교리 혹은 윤리를 위해 신약성서를 부적절한 자료로 만드는 것이다. 만약 생각의 '유연성'이 있다면, 그 유연성을 어떻게 인도받을 수 있을지 쉽게 분변하도록 해줄 것이다. 복수, 보편성, 제사장직의 거부, 회중적 기반 등 변화의 한 가운데에서도 끊임없이 지속되는 것들은 보다 눈에 띄는 모습으로 드러나게 되어 있다.

그러나 보편적 목회를 옹호하는 회복주의자들을 상대로, 현재 널리 유세를 떨치는 제도를 지지하는 사람들이 '유연성'에 대한 논쟁을 불러일으키면서 뜻밖의 왜곡된 논쟁이 시작되었다. 다른 것들과 연결시켜 말했듯이, 인류 역사 속에서 보다 전문 종교인들이 갖고 있는 리더십유형보다 더 잘 정착된 사회적 리더십 유형은 존재하지 않는다. 마찬가지로 기독교 역사에 있어서 교구 당 한 사람의 사제나 목회자를 둔 것보다 더 강한 목회 유형은 존재하지 않는다.

이러한 연구를 따라 가다보면 위험스런 중요한 이슈가 등장하는데, 이러한 이슈는 전통적인 개신교/가톨릭 학자들의 논쟁이 있을 때마다 관심을 다른 데로 돌려 늘 베일에 가려져 왔다. 이러한 논쟁들이 한번 학자적인 모습으로 굳어지게 되면, '프로테스탄트'들은 신약성서를 지침서로 사용하면서도 비슷한 종류의 내용들에 의지하는 방식을 취하는 것 같다. 한편 가톨릭 관점은 트리덴타인 공의회에서 인준한 교리와 동일한 것만이 초대 교회 내에 존재했던 다양성의 사실로 인정하고, 그 결과 가장 이상적인 것은 로마의 주교에 의해 정의된 것만이 유효한 것이라 주장하게 되었다.

이러한 논쟁은 양측 모두 잘못된 것이다. 양측 모두를 1세기와 에큐메니칼 학자 혹은 비평학자들로부터 서로 멀어지게 한 것은 1세기의 역사를 어떻게 읽고 1세기의 문서를 어떻게 읽어야 하는지에 대한 가정에 기초하기 때문이다.

물론 존 칼빈으로부터 현재의 '회복주의자'들에 이르기까지 가정을 비판하지 않고 받아들이는 사상가들이 있는데 이들은 성서를 안내서로서 사용하지만, 결국에는 동일한 결론에 의지하는 모습을 보인다. 여기에 정반대의 가설이 있다. 우리는 1세기 기독교 저자였던 사도 바울의 특별한 관점이라 부르는 것으로부터 논의를 시작하였다. 우리는 수많은 초대 교회의 다양성과 함께, 신약성서라는 잘 보존된 정경 내에 존재하는 다양한 문서들 검증하면서 이 주제를 살펴보았고, 주제의 공통점들도 살펴보았다. 다양성 안에서 발견되는 공통점들은 동일하게 결론을

짓는 것보다 훨씬 더 확실하다.3) 분명한 논쟁을 통해 얻어진 실행예식
은 자의식 없이 받아들여진 것이나 이웃들에 의해 쉽게 주어진 것들보
다 훨씬 더 많은 존중을 받게 되어 있다.

이유를 알지도 못한 채 다른 기준들을 따라가거나 변화시키려는 점
검되지 않은 자유와 그것이 아주 이상적이라 할지라도 제대로 정의하지
도 못하고 도달하지도 못하는 목표로서 한 가지 유형만을 고집스럽게
보존하고자 하는 것 사이에서 확실하면서도 온전한 선택을 하는 사람들
은 그러한 문제있는 진술들을 피한다. 교리적으로 건강한 신학은 해석
학적으로 문제가 없다고 여기는 근본주의도 아니며 시대정신이 계시위
에 존재한다고 믿는 모더니즘modernism만이 유일한 선택이라고 추측하
지 않을 것이다. 목회에 대한 건강한 신학은 원시주의와 순응주의 사이
에 있는 그 어떤 것도 선택하지 않을 것이다.

그러기에 우리는 사도적 가르침과 실천의 다양성 내에서 무엇이 변
하지 않는 것인지, 무엇이 보다 더 중요한 것인지, 변화의 정황 속에서
알찬 모습이 무엇인지 반드시 질문해야 할 것이다. 유연성을 잃지 않는
가운데 다음과 같이 변하지 않는 내용들을 발견할 수 있을 것이다.

- 우리가 말해왔던 다양한 차원의 '많은 사람들이 참여하는 목회'
  multiplicity
- 복수성plurality: 즉 같은 기능을 하며 영적으로 장로역할을 하는 여
  러 사람들
- 다양성diversity: 분명히 다른 모습으로 존재하는 수많은 역할들
- 보편성universality: 누구도 목회자가 아닌 사람이 없다는 믿음
- 지역 회중을 다스리기 위한 장로-감독-목사 기능을 위한 지속적

인 필요

- 과거의 공동체와 연결할 수 있도록 전략적으로 교사 기능을 끊임
  없이 수행하는 필요
- 서로 다른 지역 공동체들을 연결해 주는 순회설교자
- 공동체가 성령의 말씀을 들을 수 있도록 귀를 열어주는 '예언자'

동시에 우리는 책임 있는 모습으로 **안정감 있는 교회운동의 원리들**을 추구해야만 한다. 만약 우리가 자신을 위하거나 완고함으로 변화를 거부한다면, 변화를 위해 신뢰할만한 다음의 도구들이 있어야 한다.

- 균형을 잃지 않으면서 사람들의 의표를 찌르는 인정받은 예언자
- 새로우면서도 노련한 아이디어와 질문들을 소유한 사람으로 여러
  교회의 관계를 도모하는 순회 설교 목사
- 부적절하지만 자신의 판단으로 세상의 필요를 채워주기 위해 섬기
  는 종
- 보이지 않는 지침을 통해 성서를 연구하는 말씀의 종

지시사항

이 개관은 회중교회적 실천이라고 하는 현대적 '모델' 을 위태롭게 할 일말의 노력을 의도적으로 포기했다. 글을 짧게 하려는 경제적인 이유도 있었지만, 이렇게 포기한 이유는 다음과 같은 것들을 정당화 한다.

- 순진한 회복주의운동에 대한 오해를 피하고 싶은 욕구
- 독특한 환경에 지역적으로 적응하기 위한 규범

- 급진적이며 규범적인 요구들이 신학적인 명령으로써 보편적인 목
  회를 하도록 하는 것과 상대적이고 실용적인 요구들이 '보다 나은
  가상의 모델'을 추구하도록 만드는 것을 구별하려는 관심

이렇게 말하는 것은 만약 신약성서를 단독 목회를 변호하기 위한 당
황스런 문서로 읽기 보다는 보편적인 목회가 더 적절한 것이라 옹호하
는 문서로 다시 읽는다면, 성서가 가져다주는 즉각적인 창조적인 적절
성을 발견하기 어렵다는 것을 제안하고자 함이 아니다.

(a) 다섯 가지 서로 다른 리더십을 지역회중 교회에서 아주 특별한 모
습으로 기능하게 할 수 있음을 '미래 교회를 위한 비전'을 통해 제안하
였던 왈더 홀렌베거Walther Hollenweger, 4)를 예로 들 수 있다. 이러한 다
섯 가지 종류의 임무를 수행하는 사람들은 예배 및 축제를 준비함에 있
어 다른 많은 사람의 도움을 받을 수 있을 것이다.

(b) 신약성서에는 교사didaskalos의 직임에 대한 특별한 태도와 신학
적 작업 및 신학적 교육에 대한 본질을 재정의하기 위한 중요한 힌트들
이 기록되어 있다. 그리고 신선한 관점으로 시작하는 성서공부 및 말씀
설교에서 비롯된 부흥의 가능성 또한 신약성서에 기록되어 있다.

(c) 정착된 감독과 교구 목사 사이에서 타협하기 보다는 훨씬 더 도움
이 될 만한 순회 사도 혹은 예언자의 기능을 통해서, 부흥의 비전 및 교
회연합의 가능성과 이를 위한 상호 노력에 대한 씨앗을 발견할 수 있을
것이다. 순회방문은 사도들이 보여준 목회 특성 중 하나로써, 대부분의
교회 부흥운동에 다시금 모습을 드러냈다. 요즈음에는 사람들의 관심이
덜하다. 설교자의 물리적 왕래는 다른 청중들에게 설교를 하려고 기계
적으로 설정된 것이 아니다. 즉 설교자의 물리적 왕래는 그 자체가 선포

되는 메시지의 중요한 부분으로 정의된다. 이러한 내용은 최근 두 명의 저자에 의해 설득력 있게 전달되었다.

프랑스의 평신도 신학자인 마이클 필리버트Michel Philibert, 5)는 현 시대에 이동성은 설교와 설교가 나타내주고자 하는 메시지와 설교 사이에 존재하는 구조적 차이라고 언급하였다.

3. 설교는 순회한다. 설교자는 회중들을 만나기 위해 항상 이동한다.

4. 청중들을 향해 나가는 설교자의 물리적 왕래, 교사를 따르는 제자들의 물리적 왕래는 사회적으로나 전문적인 것에 의해 근절되었다. 설교가와 제자는 자신들의 일상적인 일과 환경을 떠나야 한다.

6. 설교자는 미래의 청중들을 위해서만이 아니라, 현재 설교를 듣는 사람들을 동원하는 수단이기 때문에 계속 이동한다.

7. 이처럼 설교가 요구하는 복음을 위한 결정은 구체적으로 표현되며, 무엇보다도 그 가르침을 따르고 결단하는 삶을 위해 즉각적으로 표현된다. 이러한 깨어짐은 영적인 부흥과 성장을 지속하려는 제자들에게 필수적으로 요구되는 순종의 표지이며 조건이다.

필리버트Philibert의 언급 외에도 올라비 한센Olav Hassen 또한 분리와 선교 그리고 성취와 심판을 가장 적합하게 표현한 것으로써 예수 그리스도의 순회 여행에 대한 아주 비슷한 관점을 피력하였다. 탁발과 선교 수도회, 왈덴시안Waldenses과 롤라드Lollards, 그리고 아나뱁티스트와 퀘이커 설교자들, 웨슬리와 미국 개척시대의 설교가들은 모두 자신들을 부르신 하나님의 부르심에 순종하기 위해 가정을 떠남으로써 이러한 독특한 자유를 만끽하면서 살았던 사람들이다.6)

이러한 순회 설교가 단지 초기 복음 설교나 교회가 없는 선교지 초기에나 해당된다는 생각을 갖지 않도록 하기 위하여 언급해야 할 것이 있다. 그것은 에큐메니칼 및 부흥 그리고 규율과 관련된 이슈를 다룸에 있어서 순회 설교가 가장 적합한 방식이라는 점이다. 종교개혁 초기의 방문 목회자들과 현대 부흥사들은 텐트 안에서 설교했고, 감옥을 방문하는 리더들은 특별한 종류의 방문 목회를 통해 그들만의 아름다운 열매를 맺었다. '감독제도'가 실제적인 목회사역의 열매와 더불어 기능하는 것은 감독이 단순히 자기 교회의 건물 안에 있을 때라기 보다, 특별히 검증된 관계 안에 있는 형제들을 방문하는 것이 보다 더 낫기 때문이었다. 분리된 위계질서 속에서 '상호연합'에 대해 논쟁하는 대신에 에큐메니칼의 실재 속에서는 진지하게 구조화된 상호방문에 의해 섬김을 받았다.

(d) 목사 안수식에 대한 다람쥐 쳇바퀴 도는 듯한 논쟁은 전체적인 맥락에서 아예 없애도록 하는 것이 좋을 것이다. 만약 보편적인 안수로써 세례에 대한 현재 전기독교적인 토론을 별난 생각이라고 여긴다면, 다른 안수는 폐지되어야만 할 것이다. 만약 안수가 주어진 임무를 세우기 위한 공식적인 예식을 의미한다면, 교사와 규율목회 담당자 같은 임무의 특별한 성격에 맞는 특별한 모습이 필요할 것이다. 이때 임무가 마쳐지거나 포기되면, 모든 것을 없었던 것으로 할 수 있도록 분명한 장치를 마련해야 한다. 왜냐하면, 이러한 임무를 수행하는 사람이 자신들이 가진 지위를 통해 어떤 거룩한 분위기를 풍기지 않도록 하기 위함이다. 만약 어떤 사람이 자신에게 특별한 영적인 능력이 있는 것처럼 드러내면서 주님의 몸에 손을 얹는 거룩한 기도 및 안수를 강조한다면, 모든 성숙한 그리스도인들은 그 사람의 성례전에 대한 신학이 정말로 어떠한

것인지 다시 분변해야 할 것이다. 안수에 대한 논의는 무익한 것이며, 사람들을 혼동시킨다. 왜냐하면, 안수에 대한 논쟁은 안수라는 용어의 의미가 어떻게 다른지 분변하는데 이미 시작부터 실패하였기 때문이다.

(e) 비교적 '신자들의 교회'나 성서적 교회 '회복'을 주장하는 교회들은 많은 사람들이 참여하는 목회에 대한 유형을 실제적으로 실험해보는 교회들이다. 이러한 실험은 이런 저런 모습으로 방해를 받곤 한다. 이러한 방해는 종종 공식적으로 정확한 회복이 무엇인가 하는 유치해 보이는 개념을 정의하는 모습, 바울이 가졌던 원래의 신학적 관점을 제대로 이해하지 못하여 방황하는 모습, 분파주의 운동에 연원을 두고 있는 강력한 리더 중심의 목회로 나타나곤 한다. 그렇지만 우리는 왈덴시안, 아나뱁티스트, 웨슬리안, 퀘이커, 프리머스 형제단 등 여러 그룹들이 시도한 실험과 노력으로부터 많은 도움을 얻을 수 있다. 이러한 노력을 기울였던 사람들에 대한 역사적 연구는 그들이 빠졌던 함정들이 무엇이었는지, 어떻게 그들이 보다 깊은 나눔과 교제의 뿌리를 내릴 수 있었는지, 그리고 그러한 것이 의미하는 바가 무엇인지 발견하고 해석하는 데 아주 큰 도움을 준다.

그러나 이러한 문제들에 대해 논의할 때 조심해야 할 것은, 이들이 어떤 독특하고 분명한 능력이 있어서 자유교회 전통을 만들 수 있었을 것이라고 추측해서는 안 된다. 왜냐하면, 그들의 기원과 그들의 정체성에 대한 자각은 다른 이슈들에서도 나타나기 때문이다. 그러므로 이 책에서 우리는 급진적 개혁 전통의 목회 유형들을 주의 깊게 분석하는 것을 의도적으로 제외시켰다.

형제애적인 면 들여다 보기

폴 베르기스Paul Verghese: 마 그레고리우스(Mar Gregorius)의 주교였음는 "제사장과 목회자인 평신도"라는 제목으로 글을 진행해 나가면서, 안수 받은 목회의 독특한 기능을 자신이 속한 동방 가톨릭 용어들로 정의하고자 했다. 그의 연구는 교회로부터 세상에 이르기까지, 그리고 세상에서 교회에 이르기까지 그리고 목회적 용어가 전체 교회를 위해 서술되는 대부분의 방식으로 분류, 정리하였다. 특별히 '제사장 됨' Priesthood은 하나님의 모든 백성들에 속하는 것이다. 궁극적으로 독특한 방식으로 안수를 받은 사람의 유일한 기능은 예식을 위한 모임에서 '대 제사장으로서 역할을 수행하신 그리스도의 모범을 다시금 기억나게 해주는 것' 일 뿐이었다. 지역 교회의 목사는 본질적으로 감독의 위임대행인 역할을 감당하는 것이다. 이 점은 길게 논의하지 않을 것이다. 왜냐하면, 폴 베르기스가 책에서 "우리의 생각에 … 이것은 바로 우리를 위한 개념이다…"7)라고 했듯이 이것은 단지 저자가 속해있는 시리아 정교회 전통에 속한 것이기 때문이다.

아드리아해 연안 서쪽 지역의 그리스도인들이 기억을 더듬어 돌이키고자 했던 방식은 역사 속에서 일어났던 지위에 대해 대화를 추구하는 것으로 이곳에서 다루기에는 부적당하다.

그러나 이곳에서 아직 이 언급하지 않은 무엇이 있기 때문에 이 토론이 더욱 중요하다. 우선 이 토론은 성직자에게만 제사장 직이 보존되어 있다는 생각을 전면적으로 반대한다. 그러므로 서양의 가톨릭 교회가 강조하는 주된 내용을 지지하지 않는다. 또한 목회의 형식이 감독제도의 전통을 계승하는 한 가지 형태로만 존재해야 한다는 주장을 요구하지도 않고, 목회가 교회 건물이 없는 큰 회중이 있는 교회에만 해당된다고 생각하지도 않는다. 그리고 모든 목회가 한 사람에 의해 이루어진다고 생각하지도 않는다. 그러기에 대 제사장이신 예수 그리스도께서 인간적인 대표성을 띠고 계시다는 생각은 전통에서 벗어난 것이다.

이와 같이 안수 받은 목회를 가장 강력한 사례로 다시금 언급하는 동안에 폴 베르기스는 서구의 단독목회 방식에 기여한 발달 요인과 이를 뒷받침하는 대부분의 이유들을 거부하고 있는 현재의 본문에 대체적으로 동의한다. 그는 문화적으로 다시금 되풀이되는 종교주의자들과 신격화된 전문 제사장들을 모두 거부한다. 그러므로 사람들이 이렇게 목회를 재정의하는 부분적인 이유로, 최근 세계교회들이 작성하여 발표한 목회의 보편성에 관한 성명서를 그리스도의 통치를 표방하는 감독제의 개념으로 받아들이게 된 것이다.

폴 베르기스의 목회에 대한 재정의가 자신이 속한 정교회와 가톨릭 형제들에 의해 신임을 얻는가 얻지 못하는가는 다른 사람들이 말해 줄 것이다. 그의 입장이 현재 이 연구의 관심사를 위협하지 않는다는 사실을 기록하는 만으로 충분할 것이다.

부분적인 평행선

최근 여러 세대들은 중미 및 남미 지역의 로마 가톨릭 교회 공동체에서 일어나고 있는 여러 가지 극적인 변화를 목격하고 있다. 지난 5세기 동안 로마 가톨릭이 여러 나라에서 식민지적 정책을 표방했음에도 불구하고, 거의 대부분의 지역에 있는 교회들은 유럽 혹은 북미에서 모집된 가톨릭 선교사들에게 거의 모든 것을 의지하고 있는 실정이다. 우리는 이들이 어떠한 기여를 했는지 그 동기가 얼마나 중요한지 일일이 살펴볼 필요는 없다. 이들이 안수를 받기 위해 요구하는 학문적인 선결요건이 과연 교육을 받지 않은 지역의 사람들을 위한 목회에도 적절한지 아닌지, 독신으로 사는 것이 지역주민의 가족 개념에 적합한지 아니면 개인의 존엄을 위해 존중해주는 것이 적합한지, 그들의 전문화된 리더십이 지저분하고 가난한 지역에 사는 사람들에게 적합한지 아닌지 일일이 살펴볼 필요는 없다. 상황이 어떻든지 간에, 이미 한 세기 전에 생겨나 사회학적으로 알려지게 된 목회에 대한 사고방식은 표준 모델을 만족시킬만한 사제들 즉 정식 훈련을 받고 안수 받은 사제들의 수는 결코 충분할 수가 없을 것이라는 생각에 사제의 기능을 수행할 수는 방법으로서 찾아낸 대체구조였다.

그렇게 급조한 조정안은 성례전 없이 교회의 필요를 채우기 위해 최소한의 필요한 기능을 수행할 수 있는 수많은 사람들을 양산시켰다. 약 100년 전에 아프리카에 선교사를 보내기 위한 개신교 선교가 이와 비슷한 목적으로 '전도사' catechist 라는 역할을 만들었다. 이보다 100년 전에는 감리교에서 순회목사Circuit-rider, 침례교에서는 '농부―설교자' 들이 비슷한 목적으로 미국 개척자들의 필요를 채워주었다. 성례전을 수행할 수 있는 권위와 더불어 전통적인 요구에 부합한 몇몇 사람들에게 완전한 '안수' 의 지위가 주어졌다. 이러한 상황에서 안수는, 특히 외부인들에게 그럴듯한 요건으로 보였으나, 실제적인 필요를 충족시켜주는데 급급한 아주 '저급한' 자격 요건이 되고 말았다. '저급한' 수준의 안수를 인정하자는 유사한 전략은 남미 지역에 행해진 개신교 선교에도 그대로 추천, 적용되었다. 윈프레드 스코프스Winfred Scopes가 편집한 보고서는 이러한 사실을 잘 말해준다.8)

이와 비슷한 원리가 중미의 가톨릭 교회에서도 나타났는데, 그들에게는 간소한 훈련이 주어진 뒤 공식적으로는 기독교의 기본 지식을 가르치는 교사, 즉 '말씀의 대리인' 이라는 역할이 부여되었다. 이들은 해외에 거주하는 제대로 자격을 갖춘 사제들이 할 수 있는 것보다 자신들의 문화적인 동족들과 함께 의사소통하면서 사람들을 세운다는 그럴 듯한 이유도 있었다. 이러한 사람들이 해야 할, 첫 번째 공식적 임무는 교리를 가르치는 것이었다. 이러한 방식으로 그 대리인들은 모임에서 기도를 인도하거나 비록 그들이 의식적으로 하지는 않았지만 최소한 간접적으로 공동체의 발전을 위해 사람들의 의식을 일깨울 수 있었다. 말씀의 대변인delegados de la Palabra의 일을 가장 강하게 필요로했던 최초의 지역은 중미의 산악지대였다. 지배계층에게 이러한 것은 근본적인 변화처럼 보이지 않았다. 왜냐하면, 제대로 안수를 받은 사제들이 감당하는 성례전의 역할은 여전히 성직자가 담당했기 때문이다.

사회현장의 또 다른 한편에서 사회학적으로 잘 준비된 목회적 생각이 일어나기 시작했는데, 이것은 도시의 가난한 지역에 새로운 공동체를 개발하는 것이었다. 도시 지역 중, 성직자들이 충분히 들어가 있지 않은 지역에 감독이 지역사회의 평신도 그룹을 중심으로 기관을 설립하는 것이다. 성직자 없이 성서를 읽고, 기도회를 하며, 공동체 주변의 필요를 조직하여, 공동체의 필요와 리더십을 개발하는 것이다. 이러한 것은 "교회 기초 공동체"basic ecclesial community라고 불렸다. 리더십 역할은 성령의 인도하심 하에 짜인 틀 없이 비교적 자유롭게 개발되었고, 소위 말하는 자연스러운 은사의 발현과 함께, 최소한 읍이나 시 지역에서 성별이나 교육 여하에 상관없이 합의를 통한 의사결정을 이끌어가는 효과적인 리더들이 활동하였다.

이러한 새로운 운동의 배후에 있는 기본적인 생각은 사회학적으로 이미 잘 알려진 목회적, 신학적 성직자들에 의해 비교적 책임감 있고 전문적으로 개발되었다.9) 이러한 개발에 대해서는 그 어떠한 반대도 없었다. 감독들은 이러한 전략이야말로 인구는 계속 증가하지만 권위를 위임받은 성직자들은 턱없이 부족한 지역에 가장 효율적인 방식이라 인정하였다.

이러한 개발의 효과는 혁명적이었다. 대략 20년이 채 지나지 않아 이러한 기독교 기초 공동체는 수백, 수천 개로 늘어났다. 사람들에게 리더 역할을 감당해야 하는 기회가 더 많이 주어졌다. 교회가 제공하는 기회들은 이전에 없던 평신도들을 리더로 준비시켰고, 그동안 소비자요 구경꾼이었던 사람들이 이제는 하나님의 백성으로 살아가는 데 있어서 참여자로서 자신을 보기 시작했다.

이러한 그리스도인 기초 공동체의 노력이야말로 일반적인 목회를 꿈꾸었던 바울의 사상을 다시금 발견한 것은 아닌가? 한편으로는 그렇고, 또 다른 한편으로는 그렇지 않다. 우선 그렇다고 말하는 이유는 성별과 연령 구분 없이 모든 사람이 성령님에 의해 능력을 부여받고, 지역 교회에서 인정받는, 아래로부터 시작되는 풀뿌리 공동체를 세우는 종의 역할로 나옴으로써 하나님의 은혜를 함께 나누게 되었다는 사실 때문이다. 중미에서 하나님의 능력을 통해 바울이 로마서와 고린도서에서 꿈꾸었던 일이 일어나고 있다. 그러나 또 다른 한편, 이것은 전혀 바울의 사상이 아니라고 할 수도 있다. 여러 '평신도'에게 주어진 공동의 목회가 여전히 성서가 말하는 모든 신자가 제사장이라는 가르침과 분리되어 있기 때문이다. 사제의 기능들로부터 온 공식적인 감독의 해석과 권위는 성례전이 시행되는 장소라야 제대로 된 교회라는 정의를 지속하게 만들었다. 온전한 기초 공동체에서 가능한 모든 일이 일어나려면, 사실 성찬식을 시행하지 않는 집회로 규정될 필요가 있었다. '말씀의 대리인'

들을 인정하기 위해서 지방을 순회하는 순회 설교자의 기능은 성찬식을
시행하지 않아야 했다. 이러한 비 성례전적인 목회유형은 급격히 성장
하였는데, 이는 리오 그란데Rio Grande 남부지역의 평신도에 의해 일전
에 한 번도 경험한 적이 없던 회원 됨의 의미를 다시금 정의하도록 만들
었다. 역설적이지만, 이것은 라틴 아메리카의 가톨릭 사람들을 개신교
화 하는 모습이 되었는데, 정확하게 표현하자면 이 사람들이 다룰 수 없
는 성찬식이라는 사역의 우선권을 존중하였기 때문이었다.

주류 개신교 선교단체가 1세기 전에 적극적으로 선교를 시행한 이래
로 뿌리가 흔들리지는 않았던 라틴 아메리카의 가톨릭이 원칙적인 면에
서부터 위협을 받게 되었다. 특별히 제2차 세계대전 이후, 근본주의자
들과 최근의 오순절계통의 '비역사적' 선교가 활개를 치자 보다 더 큰
위협을 받게 되었다. 그러나 교제 및 경건운동의 형태를 표방하는 개신
교화된 진짜 영향력은 드물고, 독신주의고, 잘 교육된 사제들에게만 성
례전적 목회를 하도록 두는 데 대한 반발로써 가톨릭 내부가 개신교화
되었다는 점이다. 사도바울이 보고 싶어 했던 성령의 능력은 성직자나
성찬식으로 정의하는 방식 안에 가두어 둘 수 있는 것이 아니다. 그러나
교회들은 궁지에 몰릴 수 있고, 그러기에 비성례전적 공동체 형태라고
비난받는 그룹의 영성은 더욱 더 영적으로 빈곤해 질 수 있다.

이 즈음에서 한 가지 역사적으로 분명히 해야 할 것이 있다. 1979년
멕시코 푸에불라에서 열린 제3회 대륙 감독 컨퍼런스 이래로 목회 신학
과 풀뿌리 실행 경험은 사회 신학 및 제도적 분석과 동맹하게 되는 전기
를 마련하게 되었고, 그 때부터 '해방신학' 이라는 이름하에 괄목할만한
성장을 거듭하였다. 푸에불라 모임 전후로 이러한 기초 공동체와 해방
신학운동은 서로 완전히 다른 세상을 맞이하게 되었다. 각자 나름대로

의 문학세계와 지지자들이 생겨났고, 각각의 이슈와 어휘와 기관들이 생겨나게 되었다. 그들은 파올로 프레이레Paolo Freire의 교육학적 비전을 존중하면서 서로 중복되는 모습을 보였고, 주된 내용에 있어서는 서로 다른 길을 걷게 되었다. 그 때 이후로 이 두 운동은 일을 함께 진행해 오면서 서로에게 도움을 주는 관계가 되었다.

이 장은 신학 체계로서 '해방' 이라는 방식을 구체적인 목록으로 정리하거나 사회학적으로 '기초 공동체' 를 정리하여 서로 간에 보완을 꾀하는 장소가 아니다. 그리고 이 두 개의 서로 다른 흐름이 어떻게 서로에게 적합한 모습이 되었는지 설명하는 곳도 아니다. 그러나 이곳에서 정말로 언급해야 하는 것은 이러한 동맹이 모든 사람들이 목회를 해야 한다는 바울의 사상으로부터 더욱 올바른 체제를 만들기 위한 새로운 신학적 요구를 분석하고 논쟁하는 기술들로 관심이 옮겨가도록 할 수도 있다는 사실이다. 이곳은 새로운 신학적 동향을 시험하는 장으로써 기초 공동체의 교제와 선교의 새로운혹은 회복된 형태로서 실행가능성을 증명하기 위한 최적의 장소가 아니다. 문학적인 형태 안에서 해방신학에 대해 말하는 성직자의 살아있는 경험을 통해 목회를 공유하는 실제적인 일이 지역적으로 일어나지만, 그것이 주로 그들이 기록하고자 했던 것은 아니다.[10]

때 이른 결론

이 책은 성서에 기록된 증거들과 연역적인 설명방식에 집중하였는데, 이것이 에큐메니칼 대화방식과 유일하게 공통되는 기반이기 때문이다. 그렇다고 이러한 접근방식이 추론에 근거한 것 즉 관심을 가질 필요가 없다거나 이성을 거스르는 것으로써 성서적인 권위를 어색하게 옹호하는 것으로 이해되어서는 안 된다. 아마도 신약 교회가 '보다 더 일을 잘 했을지 모른다'는 생각과는 꽤나 다른 구조들로 볼 수 있었던 시대와 장소들이 있었을 것이다. 이러한 것은 콘스탄틴 시대, 샤를레망 대제의 시대 그리고 코르테즈Cortez 시대에도 이미 합의가 이루어진 내용이다. 이러한 합의가 옳든 그르든, 현재 우리들 중 몇몇 사람들이 이에 의심을 품고 있다. 그러나 교회와 교회에 속한 성직자들이 기독교 국가체제를 이루어 놓은 후, 샤를레망과 코르테즈 시대가 지나갔다고 생각하는 사람은 아무도 없다. 왜냐하면, 바로 목회의 전문화가 자연스럽게 '상식'으로 자리한 이후로 그 이전에 무슨 일이 있었는지는 더 이상 논의의 대상이 되지 않기 때문이다. 새로운 논쟁이 진행되면, 우리는 그 논쟁 자체가 옳은지 자세히 살펴보아야 한다. 아래에 기록해 놓은 내용 중 어떤 것은 이미 한 번 이상 논의한 것들이다.

사회가 변화할수록, 교회는 점점 더 큰 도전에 직면하게 되고, '리더십'의 필요성도 점점 더 커질 것이다. 현재 단독 목회 형태를 반대하는 논쟁에 의해 리더십 기근의 상태가 더 나빠지고 있지는 않은가?

— 보편적인 목회에 대한 바울의 가르침에 대한 오해는 '리더십이 없는' 형태의 목회이거나 혹은 리더십을 분산시키는 목회일 거라는 추측에서 비롯되며 이러한 것은 바울의 비전을 지속적으로 오해하도록 만들었다. 이러한 생각은 현대 문화의 반 권위적 정서라는 흐름과 맥락을 같이한다. 그러나 사실 이러한 모습은 우리가 신약성서에서 발견할 수 있는 모습이 아니다. 오히려 우리는 신약성서에서 여러 가지 다른 리더십 유형을 발견할 수 있고, 실제로 검증된 사람들에게 분명한 역할을 부여하는 다양한 유형의 리더십이

실행되었음을 확인할 수 있다.

- 실제로 리더십의 성장을 방해하는 것은 단독목회 유형인데, 이는
  모든 목회자가 다소간 같은 틀 안에서 만들어져야 한다는 가정 하
  에서 추구되며, 한 사람을 특별하게 훈련시켜 팔방미인이 되게 하
  는 목회 유형이며, '교회 안에서만 활동하는' 직원들을 후원하기
  위해 재정을 확보하는 창구를 마련함으로써 전문적이지 않은 은
  사들을 이끌어 들여 부분적으로 빈자리를 채우며, 보다 공격적인
  기능들로 중재자 및 조정자의 임무를 약화시키며, 때때로 결정을
  내리는 일에 있어서 아무도 책임을 지지 않는 가운데, '목회자' 혼
  자 혼돈스러워하도록 내버려 둔다.

그렇다면 보편적 목회를 추구한다는 것은 유토피아를 꿈꾸는 이상주
의를 말하는 것일까? 개인 및 그룹의 가능성에 대한 보편적 목회를 추구
한다는 것은 비현실적 낙관주의가 아닌가? '카리스마' 라는 언어가 부르
심의 선택에 대한 문제들을 지나치게 극화시키는 것은 아닌가? 만약 우
리가 어떤 사람들이 목회를 위해 좋은 사람들이며 무엇이 그들로 하여
금 목회를 하게 하는가 말할 때, '신령한 은사' 와 같은 신학적인 언어를
사용함으로써 심리학적으로 부풀려지도록 하기 보다는 좀 더 진지하고
좀 더 안정감있게 표현해야하지 않을까?

- 왜 공동의 목회가 보다 더 현실적이지 못한지, 혹은 단독 목회 유형
  보다 훨씬 더 이상적으로 보이는지에 대한 실질적인 이유는 없다.
  남자든 여자든 한 사람이 필요한 모든 은사를 갖도록 요구하는 목
  회유형이야말로 가장 공상적이지 않은가? 남자든 여자든 모두 겸

손한 동시에 매우 자기 확신적이며, 수동적인 동시에 공격적이며, 신선한 동시에 경험이 많으며, 강단에서 지적인 동시에 청년들과 사이가 좋은 목회자를 요구하는 것이야말로 가장 유토피아적이지 않은가? 분업에 있어서 직무, 경영, 교육의 효율성은 핵심이다. 그러기에 회중 내에서 분업이 현실적이어서는 안 되는가?

– 한 사람이 무엇을 잘하고 무슨 일이든 실행하기 좋아하는 것을 신적인 은사로 인정하는 것에 대해서는 조금도 열광적이 되거나 부풀리지 말아야 한다. 신적인 은사와 개인적 능력 사이에는 영원히 해결할 수 없는 긴장이 존재한다고 가정하는 것은 훨씬 더 유익하지 못할 것이다.

여기서 우리가 견지하고자 하는 입장은 '목회에 대한 좋지 않은 경험'에서 나온 것이 아니다. 지난 50년 동안 나는 세 개의 서로 다른 신실한 교회에 출석하면서 일곱 명의 리더들과 친해질 수 있었다. 그들은 그들이 속한 교단에서 목회적 섬김의 모범을 보인 사람들이었다. 이 책에서 표현하고자 하는 나의 신념은 이들의 잘못에서 온 것은 아니다. 신약 교회의 많은 사람들이 참여하는 목회를 회복하려는 그들의 순종과 실천적인 논쟁은 다른 유형의 목회보다 인간적인 연약함을 반대하는 한 가지 틀에 박힌 유형의 목회가 더 효과적이기에 계속 유지하려 한다는 몇 가지 내용들을 포함하고 있다. 그러나 이것이 이 글에서 추구하고자 하는 바는 아니다.

여기에 기록된 내용은 제시된 논제를 해석하는 데 의도적으로 초점을 맞추었다. 그렇게 한 이유는 아주 간단하다. 즉 현재 진행되고 있는 논쟁이 아직 내가 이곳에서 제시한 선택권을 제대로 반영하고 있지 못하였고, 그러므로 현재의 문서에서 이에 대한 직접적인 답은 제시되지 않았다. 나는 현재 진행되고 있는 목회관련 논쟁에 대해 지극히 개략적인 내용만을 소개하였다. 그러나 일반적으로 그 결과는 목회들은 설득력이 없거나 내가 여기에서 소개하고자 했던 내용에 대하여 직접 언급하지 않는 모습이 되었다 '교회의 모든 것이 목회다' 라는 포괄적인 논쟁은 결국 리더가 없는 결과를 초래하는 것처럼 보였고 반응도 그렇게 나타났다. 목회에 있어서 감독 제도를 옹호하든, 삼중 혹은 사중의 복수 리더십을 옹호하든 원시주의는 존재한다. 그리고 이러한 것들이 현재까지 목회에 대한 답변이기도 하다. 팀목회의 상대적 효험에 대한 실제적, 심리적, 역사적 논쟁들은 어느 정도 이에 대한 답변이 되기도 했다. 그러나 신약성서에 근거한 많은 사람들이 하는 목회에 대해 확실하게 반론을 제기하는 사람이 아무도 없었다. 신약성서에 근거한 많은 사람들이 참여하는 목회란 몸의 지체로서 기능하게 하는 각각의 특별한 은사 charisma를 부여하는 것으로 그 자체로 구원의 부분이며 '리더십' 혹은 '목회' 가 서로 다른 차원의 기능이라기보다는 실제적인 예가 된다는 목회를 말한다. 그러므로 이곳에서 제시한 것은 하나의 일반적인 토론이라기보다는 이러한 토론으로 초청하는 것일 뿐이며, 정말로 필요한 일이자, 우리의 시각을 제대로 바로잡도록 평가해 보라는 진지한 요청이다.

현재 널리 퍼져있는 직업목회에 대한 비판은 사회학적으로 이해 가능한 형태로서 교회 흠잡기를 그 핵심에 두고 있다. 어떤 사람들은 이를 '제도적 교회' 라 말한다. 이러한 것은 교구의 의미 변화, 목회자의 역할에 대한 혼동, 사회적인 이슈를 잘못 다루는 교회의 모습, 그리고 사회적 변화로서 '점증하는 경계선' 에 대한 도전들을 통해 드러나고 있다.

보다 더 깊은 차원의 의문들이 생겨남으로써 예상치 못한 형태의 질문들이 주어지고 있다. 즉 이전에 경건함 및 말씀선포를 위해 전임으로 일했던 사람들이 '하나님-언어'를 기피하는 변화에 의해 좌절감을 겪고 있으며, 하나님의 거룩한 부르심에 열광적이던 사역자들이 이러한 상황 하에서 끊임없이 상심하고 있다.

이러한 질문과 상황은 모두가 믿음이 없어서 그런 것이 아니다. 그리고 이렇게 '버려진 것들'이라고 해서 모두 영적으로 좌초된 것으로 보아서도 안 된다. 부정적으로 보이는 이러한 질문들에 정직하게 대답하는 것이야말로 아마도 아픔을 치유하기 위한 가장 필수 요건이 될지도 모른다. 그러나 이러한 것 또한 여기에서 일일이 다룰 주제는 아니다. 나는 이러한 종류의 질문들을 억지로 피하려 하지 않았지만, 이러한 질문에 답하는 것 또한 나의 관심사가 아니다. 그리고 현재 존재하는 목회 형태들을 철저히 조사하여 설명하고자 하는 시도도 하지 않았다. 전문적인 이미지들이 흠집이 나지 않고, 역할에도 흔들림이 없고, 자동적으로 사람들이 충원되는 장소와 때가 언젠가 주어질 것이다. 완전한 그리스도의 사역은 전문가들이 그들의 축복을 요청받는 곳인 종교의 세계로부터, 모든 사람들이 섬김으로 부름을 받은 일상생활로 하나님께서 움직이시는 것에 보다 더 많은 관심이 있다. 그들의 의향이 무엇이든지, 그들의 신학이 어떠하든지, 종교전문가들은 그의 "양떼들"의 영적 수준을 중고품 수준으로 떨어뜨리는 지속적인 유혹을 받게 될 것이다. 마치 공동의 목회가 더 이상 효과적이지 못한 것처럼 여기거나, 혹은 리더십을 하나의 새로운 전문 분야인 것처럼 생각하거나, 혹은 특별한 함정에 빠지지 않기 위해 안전장치를 마련해야 한다는 식의 유혹이—혹은 이 모든 유혹이 한꺼번에—다가올 지라도, '다가오는 시대'에 각각 자신에게 주어진 소명을 따라 영적인 책임을 다하는 것이 바람직한 모습이 될 것이다.

"우리가 주어진 은혜를 따라 서로 다른 은사를 소유하였다면, 믿음의 분량을 따라 이러한 은사를 사용하도록 하자."

------

1) 신약성서를 토대로 기술하고 있는 목회에 대한 칼빈의 관점을 살펴보기 위해서는 W.P. Dankbaar, "L'Office des docteurs chez Calvin" *Revue d'Historie et de Philosophie Religieuses* 44 (1965), p. 368ff.을 볼 것.

2) Richard To. Hughes, "Comparison of the Restitution of the Campbells and the Anabaptists, "*Mennonite Quarterly Review*" (October 1971): 312~313와 나의 책 *Priestly Kingdom: Social Ethic as Gospel* (Norte Dame, 1984) p. 131ff 를 보라.

3) 나의 책 *Priestly Kingdom: Social Ethic as Gospel* (Norte Dame, 1984) p. 53 을 보라. 기본적으로 다른 언어를 사용하고 다르게 표현하는 동안, 같은 구조 내에 세 생각하는 것은 획일성이 나타내는 것 보다 더 높은 질서의 연합을 의미한다.

4) *Leity*, No. 20, November, 1965.

5) *Christ's Preaching – and Ours!* (Edinburgh: Edingurgh House, 1963: and Atlanta, Ga.: John Knox, 1964)

6) "*A Dynamic and Flexible Form of Ministry*," International Review of Missions 58 (October 1964): 423–433.

7) *Laity*, No. 17, June, 1964.

8) *The Christian Ministry in Latin America and the Caribbean* (Geneva and New York: World Council of Churches, 1962), p. 185ff.

9) 조스 마린스 Jos Marins는 이미 1969년에 이러한 전략에 대한 글을 남겼다. the International Iournal *Concilium* 104호에 실림.(1975)

10) 여기에서 설명된 입장을 환영하는 전환점은 레오나르도 보프 Leonardo Boff의 *Ecclesiogenesis: The Base Communities Reinvent the Church*(Maryknoll, NY: Orbis Books, 1986)에서였다.

참고 자료

그다지 변변치 못한 이 작은 요약 논문에 학자들의 참고문헌을 근거자료를 삼고자 하는 시도는 적절하지 못한 것 같다. 그러나 이 책에 사용된 인용 문구에 대하여는 원저자들의 설명을 통해 이해하는 것이 가장 올바른 일일 것이다. 전체적인 윤곽을 그리는 데는 신약성서를 통합하여 설명하였고, 몇몇 뛰어난 연구들이 제시한 일반적인 결론들을 전제로 하였다. 다음은 이 책에서 인용한 책들이다.

Ernst Kasemann, "Ministry and Community in the New Testament": in his *Essays on New Testament Themes*. London: SCM Press; and Napervilie Allenson, 1964, pp.63-134.

Hans Kung, "The Charismatic Structure of the Church" in Han Kung, ed., *The Church and Ecumenism, Concilium* #4, New York: Paulist, 1965, pp. 41-61.

John L. McKenzie, "Ministerial Structures in the New Testament" in Hans Kung and Walter Kasper, eds., *The Plurality of Ministries, Concilium* #74, New York: Herder, 1972, pp. 13-22.

David N. Power, *Gifts That Differ: Lay Ministers, Established and Unestablished*. New York: Pueblo, 1980.

Eduard Schweitzer, *Church Order in the New Testament*. London: SCM Press, 1959; Naperville, IL: Allenson, 1961; and "Unity and Diversity in the New Testament Teaching Regarding the Church," *Theology Today*, 13 (January, 1957), pp.475 ff.

다음의 목록들은 완성된 것은 아니지만, 이 책에서 그 내용을 인용하였기에 이곳에 실었다. 어떤 책은 구체적으로 인용하지 않았어도 전체적인 내용이 반영되었기 때문에 이곳에 실었다.

Yves (Marie Joseph) Cougar, *Lay People in the Church* London: Chapman, 1959.

Maurice A. Creasey, "Lay Christianity," Vaughan Memorial Lecture, Doncaster Grammar School, 1962.

Dody H. Donnelly, "Why Ordain Anybody...... for a while?" *Cross Currents* 28 (summer 1978) #2, pp. 134ff.

Justus Freytag, "The Ministry as Profession: a Sociological Critique," in David M. Paton, *New Forms of Ministry* (see below), p. 55 ff.

Howard Grimes, *The Rebirth of the Laity*. Nashville: Abingdon, 1962, p. 67ff. on the ambivilance of set apart ministry.

__________, "Shepherd, Teacher and Celebrant; in David M. Paton," *New Forms of Ministry* (see below), p. 16ff.

John Knox, The *Early Church and the Coming Great Church*. New York: Abingdon, 1955.

Hendrik Kraemer, *A Theology of the Laity*. Philadelphia: Westminister, 1958.

Stephen Mackie, "Ministry in the Melting," in *Study Encounter* 2 (1966) #2, pp. 64-70.

Harold S. Martin, "The Free Ministry," *Brethren Life and Thought* 12 (spring 1967), pp. 41-50.

John L McKenzie, *Authority in the Church*. New York: Sheed and Ward, 1966.

Lewis S. Mudge, *In His Service*. Philadelphia: Westminister, 1959.

H. Richard Niebuhr, *The Purpose of the Church and its Ministry*. New York: Harper, 1956.

David M. Paton, *New Forms of Ministry*. London: Edinburgh House Press, 1965.

Robert S. Paul, *Ministry*. Grand Rapids: Eerdmans, 1965.

David N. Power, *Ministers of Christ and His Church*. London: Geoffrey Chapman, 1969

Alan Richardson, *Introduction to the Theology of the New Testament*. New York: Harper, 1959.

William Robinson, *Completing the Reformation*. Lexington, KY: College of the Bible, 1955.

Stephen Rose, *The Grass Roots Church*. New York: Holt, Rinehart, and Winston, 1966.

Winfred Scopes, ed., *The Christian Minisby in Latin America and the Caribbean*. Geneva and New York: World Council of Churches, 1962.

Howard A. Snyder, *Liberating the Church*. Downers Grove, IL: InterVarsity Press 1983, pp. 268ff, 220ff.

Lukas Vischer, "The Ministry and a Seculaqr Occupation" in David M. Patton, *New Forms of Ministry* (see above), pp. 36ff.

Douglas Webster, "Patterns of Part Time Ministry in South America," *World Dominion*, 42(1964) p. 5ff.

__________, *Yes to Mission*. New York: Seabury, 1966.

W. S. Williams, *The Glorious Ministry of the Laity in the Early Days of the Christian Church*. Chatham: Parrett & Neves, 1936.

Colin S. Williams, *Where in the World?*: Changing Forms of the Church is Witness. New York: NCCC, 1963.

__________, *What in the World?* New York: NCCC, 1964.

요더의 저서 (* 표는 대장간 요더 총서)

- The Christian and Capital Punishment (1961)
- Christ and the Powers (translator) by Hendrik Berkhof (대장간)*
- The Christian Pacifism of Karl Barth (1964)
- The Christian Witness to the State (대장긴)*
- Discipleship as Political Responsibility (1964)(KAP역간)
- Reinhold Niebuhr and Christian Pacifism (1968)
- Karl Barth and the Problem of War (1970)
- The Original Revolution: Essays on Christian Pacifism 『근원적 혁명』(대장간)*
- Nevertheless: The Varieties and Shortcomings of Religious Pacifism 『그럼에도 불구하고』(대장간)*
- The Politics of Jesus 『예수의 정치학』(IVP)
- The Legacy of Michael Sattler, editor and translator (1973)
- The Schleitheim Confession, editor and translator (1977)
- Christian Attitudes to War, Peace, and Revolution: A Companion to Bainton (1983)
- What Would You Do? A Serious Answer to a Standard Question 『당신이라면?』(대장간)*
- God's Revolution: The Witness of Eberhard Arnold, editor (1984)
- The Priestly Kingdom: Social Ethics as Gospel (1984)*
- When War Is Unjust: Being Honest In Just-War Thinking (1984)
- He Came Preaching Peace 『평화의 주 그리스도(가제)』(대장간)*
- The Fullness of Christ: Paul's Revolutionary Vision of Universal Ministry 『그리스도의 충만함』(대장간)*
- The Death Penalty Debate: Two Opposing Views of Capitol Punishment (1991)
- A Declaration of Peace: In God's People the World's Renewal Has Begun

(with Douglas Gwyn, George Hunsinger, and Eugene F. Roop) (1991)
- Body Politics: Five Practices of the Christian Community Before the Watching World 『교회, 그 몸의 정치』(대장간)*
- The Royal Priesthood: Essays Ecclesiological and Ecumenical (1994)(대장간)*
- Authentic Transformation: A New Vision of Christ and Culture (with Glen Stassen and Diane Yeager) (1996)
- For the Nations: Essays Evangelical and Public (1997)(대장간)*
- To Hear the Word (2001)
- Preface to Theology: Christology and Theological Method (2002)
- Karl Barth and the Problem of War, and Other Essays on Barth (2003)
- The Jewish-Christian Schism Revisited (2003)
- Anabaptism and Reformation in Switzerland: An Historical and Theological Analysis of the Dialogues Between Anabaptists and Reformers (2004)*
- The War of the Lamb: The Ethics of Nonviolence and Peacemaking 『어린 양의 전쟁』(대장간)*
- Christian Attitudes to War, Peace and Revolution (2009)(대장간)*
- Nonviolence: A Brief History The Warsaw Lectures (2010)(대장간)*

Articles and book chapters

- (1988) The Evangelical Round Table: The Sanctity of Life (Volume 3)
- (1991) Declaration on Peace: In God's People the World's Renewal Has Begun
- (1997) God's Revolution: Justice, Community, and the Coming Kingdom